啓明学園高等学校

〈収録内容〉

便利な DL コンテンツは右の QR コードから

解答用紙

リスニング

⇒

※データのダウンロードは 2025 年 3 月末日まで。
※データへのアクセスには、右記のパスワードの入力が必要となります。 ⇒ 963892

〈合格最低点〉

※学校からの合格最低点の発表はありません。

本書の特長

実戦力がつく入試過去問題集

▶ 問題 ·············· 実際の入試問題を見やすく再編集。
▶ 解答用紙 ······ 実戦対応仕様で収録。
▶ 解答解説 ······ 詳しくわかりやすい解説には、難易度の目安がわかる「基本・重要・やや難」の分類マークつき（下記参照）。各科末尾には合格へと導く「ワンポイントアドバイス」を配置。採点に便利な配点つき。

入試に役立つ分類マーク

基本 確実な得点源！
受験生の 90%以上が正解できるような基礎的、かつ平易な問題。
何度もくり返して学習し、ケアレスミスも防げるようにしておこう。

重要 受験生なら何としても正解したい！
入試では典型的な問題で、長年にわたり、多くの学校でよく出題される問題。
各単元の内容理解を深めるのにも役立てよう。

やや難 これが解ければ合格に近づく！
受験生にとっては、かなり手ごたえのある問題。
合格者の正解率が低い場合もあるので、あきらめずにじっくりと取り組んでみよう。

合格への対策、実力錬成のための内容が充実

▶ 各科目の出題傾向の分析、合否を分けた問題の確認で、入試対策を強化！
▶ その他、学校紹介、過去問の効果的な使い方など、学習意欲を高める要素が満載！

解答用紙ダウンロード 解答用紙はプリントアウトしてご利用いただけます。弊社ＨＰの商品詳細ページよりダウンロードしてください。トビラのＱＲコードからアクセス可。

リスニング音声ダウンロード 英語のリスニング問題については、弊社ＨＰの商品詳細ページで配信対応しております。トビラのＱＲコードからアクセス可。

UD FONT 見やすく読みまちがえにくいユニバーサルデザインフォントを採用しています。

啓明学園 高等学校

広い視野のもと、豊かな人間性と独自の見識を持ち、世界を心に入れた人を育てる

URL	https://www.keimei.ac.jp

普通科
生徒数　351名
〒196-0002
東京都昭島市拝島町5-11-15
☎042-541-1003
五日市線・青梅線・八高線・西武線拝島駅
徒歩20分またはスクールバス6分
中央線立川駅　バス25分
中央線八王子駅南口　スクールバス30分
京王線京王八王子駅　スクールバス20分

プロフィール
小・中・高12年の一貫教育

三井高維氏が東京・赤坂台町の私邸を開放し、帰国生のための啓明学園小学校を設立したのが1940年。1941年に中学部と高等女学部を設置した。1943年、中学部を現在地に移転し、一般生徒の受け入れを開始。戦後、全校を拝島に移して現在に至る。

「正直・純潔・無私・敬愛」というキリストの教えを教育の根本に置いた全人教育を目指しており、広大なキャンパスでの共学・少人数制による中高一貫教育は、一人ひとりの可能性を育んでいる。また帰国生が編入学でき、現地での教育体験を生かせる指導が特色で、帰国生、外国籍の生徒、留学生のための「国際プログレスクラス」を設置するなど、開かれた学園としても知られる。

環境
恵まれた自然に趣ある施設

多摩に広がるキャンパスはまさに山あり川あり。多摩川沿いの約３万坪の敷地は緑におおわれ、その木立を縫うように、３つの校舎や大・小４つのグラウンド、野球場、テニスコート、２つの体育館、カフェテリアなどが点在する。庭園や農園があるのもユニークだ。また、日本文化を伝える東京都指定有形文化財「北泉寮」、グローバル教育の拠点となる国際教育センターもある。

グローバルな学校生活

カリキュラム
習熟度別クラスと多彩な選択科目

２年次より、文系・理系に分けて個々の進路に応じた選択科目を設置している。３年次では、受験に向けた演習が充実している。また、「聖書」の時間が週１時間ある。

学校生活
部活動や行事で個性を発揮

登校時間	中学	夏季	8：30	冬季	8：30
	高校		8：30		8：30

短期海外体験プログラムや中長期留学、芸術鑑賞教室や国際理解など、自ら体験する機会を大切にしている。また、中学は５月に、高校は１月に修学旅行を実施し、体験学習を行う。そのほか、平和の日礼拝、クリスマス礼拝など、宗教的色彩を持った学校行事もある。

クラブは、運動部10、文化部７と数は多くはないが、いずれも活発に活動している。

進路
ミッション系大学に推薦枠

卒業生の大半が進学を希望し、そのうちの約80％が大学、３％ほどが短大・専門学校へ進学する。早稲田、上智、国際基督教、立教などへの進学者が多い。また、指定校推薦枠も多数。UPAA（海外協定大学推薦制度）などで海外大学に進学する者もいる。

ラウンドスクエア国際会議

国際化
国際学級に留学盛んな海外交流

1972年に「国際学級」を設け、帰国生や外国籍の生徒が全体の約３割在籍し、留学生も積極的に受け入れている。さらに、世界的な学校同盟であるラウンドスクエアに加盟し、オーストラリア・アメリカ・アイルランド・ドイツなど海外の５つの姉妹校とも提携して、留学・研修の他にもオンラインツールを利用して様々な交流を行っている。

INFORMATION

●学校説明会
5/18（土）14:30｜6/29（土）10:30

●入試説明会
8/24（土）14:00｜9/28（土）14:30
10/5（土）10:30｜10/12（土）14:30
11/2（土）14:30｜11/16（土）10:30
11/30（土）14:30

2024年度入試要項

試験日　1/22（推薦）　2/10（一般第1回）
2/13（一般第2回）

試験科目　作文＋面接（推薦）
国·数·英＋面接（一般第１·2回）

2024年度	募集定員	受験者数	合格者数	競争率
推薦	50	33	33	1.0
一般 1回/2回	50	68/11	66/10	1.0/1.1

※帰国生入試・国際生入試についての詳細は、学校に直接お問い合わせ下さい

過去問の効果的な使い方

① **はじめに**　入学試験対策に的を絞った学習をする場合に効果的に活用したいのが「過去問」です。なぜならば，志望校別の出題傾向や出題構成，出題数などを知ることによって学習計画が立てやすくなるからです。入学試験に合格するという目的を達成するためには，各教科ともに「何を」「いつまでに」やるかを決めて計画的に学習することが必要です。目標を定めて効率よく学習を進めるために過去問を大いに活用してください。また，塾に通われていたり，家庭教師のもとで学習されていたりする場合は，それぞれのカリキュラムによって，どの段階で，どのように過去問を活用するのかが異なるので，その先生方の指示にしたがって「過去問」を活用してください。

② **目的**　過去問学習の目的は，言うまでもなく，志望校に合格することです。どのような分野の問題が出題されているか，どのレベルか，出題の数は多めか，といった概要をまず把握し，それを基に学習計画を立ててください。また，近年の出題傾向を把握することによって，入学試験に対する自分なりの感触をつかむこともできます。

過去問に取り組むことで，実際の試験をイメージすることもできます。制限時間内にどの程度までできるか，今の段階でどのくらいの得点を得られるかということも確かめられます。それによって必要な学習量も見えてきますし，過去問に取り組む体験は試験当日の緊張を和らげることにも役立つでしょう。

③ **開始時期**　過去問への取り組みは，全分野の学習に目安のつく時期，つまり，9月以降に始めるのが一般的です。しかし，全体的な傾向をつかみたい場合や，学習進度が早くて，夏前におおよその学習を終えている場合には，7月，8月頃から始めてもかまいません。もちろん，受験間際に模擬テストのつもりでやってみるのもよいでしょう。ただ，どの時期に行うにせよ，取り組むときには，集中的に徹底して取り組むようにしましょう。

④ **活用法**　各年度の入試問題を全問マスターしようと思う必要はありません。できる限り多くの問題にあたって自信をつけることは必要ですが，重要なのは，志望校に合格するためには，どの問題が解けなければいけないのかを知ることです。問題を制限時間内にやってみる。解答で答え合わせをしてみる。間違えたりできなかったりしたところについては，解説をじっくり読んでみる。そうすることによって，本校の入試問題に取り組むことが今の自分にとって適当かどうかが，はっきりします。出題傾向を研究し，合否のポイントとなる重要な部分を見極めて，入学試験に必要な力を効率よく身につけてください。

数学

各都道府県の公立高校の入学試験問題は，中学数学のすべての分野から幅広く出題されます。内容的にも，基本的・典型的なものから思考力・応用力を必要とするものまでバランスよく構成されています。私立・国立高校では，中学数学のすべての分野から出題されることには変わりはありませんが，出題形式，難易度などに差があり，また，年度によっての出題分野の偏りもあります。公立高校を含め，ほとんどの学校で，前半は広い範囲からの基本的な小問群，後半はあるテーマに沿っての数問の小問を集めた大問という形での出題となっています。

まずは，単年度の問題を制限時間内にやってみてください。その後で，解答の答え合わせ，解説での研究に時間をかけて取り組んでください。前半の小問群，後半の大問の一部を合わせて50％以上の正解が得られそうなら多年度のものにも順次挑戦してみるとよいでしょう。

英語

英語の志望校対策としては，まず志望校の出題形式をしっかり把握しておくことが重要です。英語の問題は，大きく分けて，リスニング，発音・アクセント，文法，読解，英作文の5種類に分けられます。リスニング問題の有無(出題されるならば，どのような形式で出題されるか)，発音・アクセント問題の形式，文法問題の形式(語句補充，語句整序，正誤問題など)，英作文の有無(出題されるならば，和文英訳か，条件作文か，自由作文か）など，細かく具体的につかみましょう。読解問題では，物語文，エッセイ，論理的な文章，会話文などのジャンルのほかに，文章の長さも知っておきましょう。また，読解問題でも，文法を問う問題が多いか，内容を問う問題が多く出題されるか，といった傾向をおさえておくことも重要です。志望校で出題される問題の形式に慣れておけば，本番ですんなり問題に対応することができますし，読解問題で出題される文章の内容や量をつかんでおけば，読解問題対策の勉強として，どのような読解問題を多くこなせばよいかの指針になります。

最後に，英語の入試問題では，なんと言っても読解問題でどれだけ得点できるかが最大のポイントとなります。初めて見る長い文章をすらすらと読み解くのはたいへんなことですが，そのような力を身につけるには，リスニングも含めて，総合的に英語に慣れていくことが必要です。「急がば回れ」ということわざの通り，志望校対策を進める一方で，英語という言語の基本的な学習を地道に続けることも忘れないでください。

国語

国語は，出題文の種類，解答形式をまず確認しましょう。論理的な文章と文学的な文章のどちらが中心となっているか，あるいは，どちらも同じ比重で出題されているか，韻文(和歌・短歌・俳句・詩・漢詩)は出題されているか，独立問題として古文の出題はあるか，といった，文章の種類を確認し，学習の方向性を決めましょう。また，解答形式は，記号選択のみか，記述解答はどの程度あるか，記述は書き抜き程度か，要約や説明はあるか，といった点を確認し，記述力重視の傾向にある場合は，文章力に磨きをかけることを意識するとよいでしょう。さらに，知識問題はどの程度出題されているか，語句(ことわざ・慣用句など)，文法，文学史など，特に出題頻度の高い分野はないか，といったことを確認しましょう。出題頻度の高い分野については，集中的に学習することが必要です。読解問題の出題傾向については，脱語補充問題が多い，書き抜きで解答する言い換えの問題が多い，自分の言葉で説明する問題が多い，選択肢がよく練られている，といった傾向を把握したうえで，これらを意識して取り組むと解答力を高めることができます。「漢字」「語句・文法」「文学史」「現代文の読解問題」「古文」「韻文」と，出題ジャンルを分類して取り組むとよいでしょう。毎年出題されているジャンルがあるとわかった場合は，必ず正解できる力をつけられるよう意識して取り組み，得点力を高めましょう。

数学

出題傾向の分析と合格への対策

●出題傾向と内容

本年度の出題は，大問6題，小問23題で昨年同様であった。

本年度の出題内容は，[1]は数・式の計算，平方根の計算，因数分解の5問，[2]は数の性質，一次関数，方程式の応用問題，空間図形の相似の5問，[3]は場合の数と確率の会話式問題，[4]は平面図形の計量問題の2問，[5]は図形と関数・グラフの融合問題の3問，[6]は空間図形の計量問題の3問であった。基礎的な問題と応用問題がバランスよく出題されており，出題範囲はほぼ全分野にわたっている。

学習のポイント

基本的な計算力や解法，定理を身につけることが重要。教科書の例題やまとめを徹底的に学んでおこう。

●2025年度の予想と対策

来年度も，問題の量，質，出題形式など，これまでと大きく変わることはないと思われる。

中学数学のほぼ全分野から，基礎的な問題から応用問題まで，23問程度出題されるだろう。

まずは，教科書の内容をしっかり理解することが大事である。例題，公式をノートにまとめ，基本事項を覚えるとともにその使い方をつかんでいこう。例年，会話式問題が出題されているので，過去問などで慣れておこう。

基本事項を身につけたら，標準レベルの問題集や過去問題集を時間を計りながら取り組んで実践力をつけていこう。

▼年度別出題内容分類表……

出題内容			2023年	2024年
数と式		数の性質		○
		数・式の計算	○	○
		因数分解	○	○
		平方根	○	○
方程式・不等式		一次方程式		○
		二次方程式		○
		不等式		
		方程式・不等式の応用	○	○
関数		一次関数	○	○
		二乗に比例する関数	○	○
		比例関数	○	○
		関数とグラフ	○	○
		グラフの作成		
図形	平面図形	角度		○
		合同・相似	○	○
		三平方の定理	○	
		円の性質		○
	空間図形	合同・相似		○
		三平方の定理		○
		切断		
	計量	長さ	○	○
		面積	○	○
		体積	○	○
		証明		
		作図		
		動点		
統計		場合の数		○
		確率	○	○
		統計・標本調査	○	
融合問題		図形と関数・グラフ	○	○
		図形と確率	○	
		関数・グラフと確率		
		その他		
その他				

英語

出題傾向の分析と合格への対策

●出題傾向と内容

本年度は，リスニング問題，語句補充問題，語句整序問題，英作文問題，会話文読解問題，長文読解問題の計6題が出題された。出題構成は昨年度と同じである。

リスニング問題は，Part1（長いアナウンスを聞き，質問に記号で答えるもの）の難度が高いので注意が必要である。

語句補充問題と語句整序問題は標準的レベル，英作文は40語程度で高い作文力が求められる。

会話文読解は読みやすい内容だが，長文読解の英文は例年アメリカの自然や文化，歴史をテーマにしたもので，アメリカに関する知識も求められている。

✔学習のポイント

ある程度長いアナウンスを聞き取る練習をしよう。英作文練習および英問英答の練習も不可欠。正しい英文を意識しよう。

●2025年度の予想と対策

来年度も本年度と同じ出題構成になると予想される。本校の出題形式に十分慣れることが一番の対策である。

リスニング対策としてはCDやオンライン教材を使って，毎日少しずつでも耳を慣らそう。文法問題は語句補充問題，語句整序問題を重点的に解き，確実に得点できるよう準備しよう。

英作文対策としては，テーマを決めて40語程度のまとまった英文を書く練習をしよう。

長文読解問題対策としては，文章の内容について正確に理解し，日本語，英語の両方で記述できるように練習する必要がある。

▼年度別出題内容分類表 ・・・・・・

出題内容		2023年	2024年
話し方・聞き方	単語の発音		
	アクセント		
	くぎり・強勢・抑揚		
	聞き取り・書き取り	○	○
語い	単語・熟語・慣用句	○	○
	同意語・反意語		○
	同音異義語		
読解	英文和訳（記述・選択）		
	内容吟味	○	○
	要旨把握		
	語句解釈	○	○
	語句補充・選択	○	○
	段落・文整序		
	指示語	○	
	会話文	○	○
文法・作文	和文英訳		
	語句補充・選択	○	○
	語句整序	○	○
	正誤問題		
	言い換え・書き換え		
	英問英答	○	○
	自由・条件英作文	○	○
文法事項	間接疑問文	○	
	進行形		○
	助動詞	○	○
	付加疑問文		
	感嘆文		
	不定詞		○
	分詞・動名詞		○
	比較	○	○
	受動態		
	現在完了	○	
	前置詞	○	○
	接続詞		
	関係代名詞	○	

啓明学園高等学校

国語

出題傾向の分析と 合格への対策

●出題傾向と内容

本年度は，漢字と品詞識別の独立問題が各一題，論説文の読解問題が一題，大問三題の出題構成であった。漢字の書き取り，品詞の識別は標準的な内容であったが，やや難しいものも含まれた。論説文の読解問題は，文脈把握が中心で，語句の意味，接続語，対義語など幅広い出題であったが，文脈を読み取って説明するなど要約する力が求められる内容であった。前年度に続き，資料を読み取って数値を示しながら具体的に説明するという高度な出題も見られた。

✔学習のポイント

現代文の読解は，言い換え表現や指示内容を的確にとらえる力をつけよう！
資料読み取り問題にも取り組んでおこう！

●2025年度の予想と対策

現代文の読解が中心で，資料読み取り問題が含まれる出題構成が続くと考えられるので，資料の正確な読み取りと，そこから導き出される考えの説明といった形式に慣れておきたい。練習問題に取り組み，出題傾向や解答の仕方を把握しておこう。

現代文は，論説文，随筆，小説，古文や韻文の鑑賞文など，さまざまな種類の文章を読むようにしたい。古文の知識が含まれる現代文の出題に備え，古文の基礎知識もしっかり蓄えておこう。

▼年度別出題内容分類表 ……

出題内容			2023年	2024年
内容の分類	読解	主題・表題		
		大意・要旨	○	○
		情景・心情		
		内容吟味	○	○
		文脈把握	○	○
		段落・文章構成		
		指示語の問題	○	
		接続語の問題	○	○
		脱文・脱語補充	○	○
	漢字・語句	漢字の読み書き	○	○
		筆順・画数・部首		
		語句の意味		○
		同義語・対義語		○
		熟語		
		ことわざ・慣用句		
	表現	短文作成		
		作文(自由・課題)	○	○
		その他		
	文法	文と文節		
		品詞・用法	○	○
		仮名遣い		
		敬語・その他		
	古文の口語訳			
	表現技法			
	文学史			
問題文の種類	散文	論説文・説明文	○	○
		記録文・報告文		
		小説・物語・伝記		
		随筆・紀行・日記		
	韻文	詩		
		和歌（短歌）		
		俳句・川柳		
	古文			
	漢文・漢詩			

啓明学園高等学校

2024年度 合否の鍵はこの問題だ!!

数学 5

(1)　$y=ax^2$に点Aの座標を代入して，$2=a\times(-1)^2$，$a=2$　　$y=2x^2$に$y=8$を代入して，$8=2x^2$，$x^2=4$，$x=\pm2$　　よって，B(2，8)　直線ABの傾きは，$\frac{8-2}{2-(-1)}=2$　　$y=2x+b$に点Aの座標を代入して，$2=-2+b$，$b=4$　　よって，直線ABの式は，$y=2x+4$

(2)　直線OAの傾きは-2　　$y=-2x+c$に点Bの座標を代入すると，$8=-2\times2+c$，$c=12$　　よって，求める直線の式は，$y=-2x+12$

(3)　$y=2x^2$…①　　$y=-2x+12$…②　　①と②の交点をCとすると，△OAB=△OACとなる。①と②からyを消去すると，$2x^2=-2x+12$，$x^2=-x+6$，$x^2+x-6=0$，$(x+3)(x+2)=0$，$x=-3$，2　　$x<-1$より，点Cのx座標は-3　　①に$x=-3$を代入して，$y=2\times(-3)^2=18$　　よって，C$(-3，18)$

◎　(3)で，点Cの座標は-1より小さいとあるので，$x=2$は適さない。問題文の条件を見逃さないように気をつけよう。

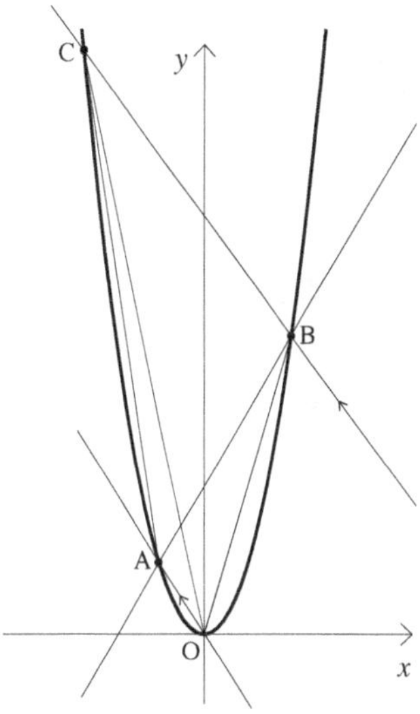

英語 D

一般的に，英作文問題は配点が高く，合否の鍵となる重要な問題である。減点方式で採点されるため，指定された単語数や文の数を必ず守り，知っている単語と文法を使って簡単な構造の文にしよう。スペルミスにも十分注意する。

入試問題において40語ほどの英作文が出題される場合，社会的に関心が高いテーマや，学校生活について，理由を挙げて自分の意見を述べるものや，自分自身について紹介するものが典型的である。昨年度は，リモート授業について好きかどうかを書くものだった。本年度は，高校生の海外留学について賛否を書くものだった。以下に出題が予想されるテーマを挙げるので，英語で書く練習をしておくとよいだろう。

・自分自身について… 「趣味」「特技」「家族の紹介」「尊敬する人物」「家でやっている家事について」「将来の夢や希望する職業」「旅行してみたい国」 など

・学校生活について… 「宿題は学生にとって必要か」「制服通学と私服通学のどちらがよいか」「入学したらどの部活動に参加したいか」「入学後に楽しみにしている学校行事について」「修学旅行はどこにいきたいか」「高校生がアルバイトをすることの是非について」 など

・社会的テーマ… 「地球環境を守るために私たちが日常生活で実行できること」「参加したことのある，または参加してみたいボランティア活動について」「スマートフォンやSNSの適切な使い方について」 など

国語　二　問11

★なぜこの問題が合否を分けたのか

前後の文脈を丁寧に読み取る力が問われる設問である。難問ではないが，脱文・脱語補充の問題の解答の根拠の取り方を確認しておこう！

★こう答えると「合格できない」！

空欄Xの直後に「誰もがなにかしなければ，という気持ちになる」とあるが，この部分にだけ着目すると，ア・イ・オはどれもあてはまるように思われ，解答できない。解答の根拠となる部分を探して丁寧に解答しよう！

★これで「合格」！

直前の段落に「不均衡」とあり，「人との格差に対してわきあがる『うしろめたさ』という自責の感情は，公平さを取り戻す動きを活性化させる」とあるので，「『うしろめたさ』という自責の感情」にあてはまるものとして，「圧倒的な格差や不均衡を見せつけられると」とあるイを選ぼう！

2024年度

入　試　問　題

2024年度

啓明学園高等学校入試問題

【数　学】（50分）　＜満点：100点＞

1　次の問いに答えなさい。

(1)　次の計算をしなさい。

$-(-3)^3-9^2$

(2)　次の計算をしなさい。

$\frac{5a-3b}{7}-\frac{a-4b}{3}$

(3)　次の計算をしなさい。

$\sqrt{8}-\sqrt{18}+\sqrt{32}$

(4)　次の方程式を解きなさい。

$3x^2-4x-5=0$

(5)　次の式を因数分解しなさい。

x^2-5x-6

2　次の問いに答えなさい。

(1)　x，y を整数とするとき，$xy=12$を満たすような（x，y）の組は何組ありますか。

(2)　２つの直線 $y=2x-5$，$y=-4x+13$の交点を，直線 $y=ax-7$ が通るとき，定数 a の値を求めなさい。

(3)　２けたの正の整数がある。この整数の一の位の数を５倍し，十の位の数を加えると22になる。また，一の位の数と十の位の数を入れかえた整数は，もとの整数より36だけ小さい。このとき，もとの整数を求めなさい。

(4)　啓子さんの家には形状がまったく同じで，大きさの違う円柱状の水筒が２つある。小さい方の水筒の容量は480mLだが，大きい方の水筒の容量は分からない。
啓子さんは水筒の底面の直径を測ったところ，小さい方の水筒の直径は８㎝で，大きい方の水筒の直径は12㎝であった。大きい方の水筒の容量は何Ｌと考えられますか。小数第２位を四捨五入して答えなさい。

(5)　縦21㎝，横15㎝の長方形の紙がある。紙のまわりの４つの辺から，辺にそって x ㎝の幅で切り落としたら，残った紙の面積は135㎝^{2}になった。x の値を求めなさい。

3　啓子さんと明夫くんは，学校の数学の授業で出された次の宿題

「箱の中に１から５までの数字が１つずつ書かれた５枚のカードが入っている。
これらのカードをよくかき混ぜて，１枚ずつ２回続けて取り出し，左から順に並べて２けたの整数を作る。このとき，２けたの整数が７の倍数でない確率を求めよ。」

について話し合っている。

次の啓子さんと明夫くんの会話を読み，□にあてはまるものを答えなさい。

啓子「まず，２けたの整数が全部でいくつできるか考えないといけないわね。」

明夫「そうだね。先生に習った樹形図を利用するのが良い方法かな。」

啓子「じゃあ，樹形図を考えてみるわね。十の位の数は［①］通りあって，それぞれの数から樹形図の枝が［②］本ずつ伸びるから，２けたの整数は全部で［③］通りあるわ。」

明夫「そうだね。次は７の倍数でない整数が何通りあるかを考えるんだ。７の倍数でない整数ってたくさんあるなぁ。」

啓子「そうそう，先生が『考えているものがたくさんあるときは，そうならないものを数える方が簡単になることがあります』って言ってたわ。」

明夫「そうかぁ，じゃあ７の倍数を数えてみよう。十の位が１のときは７の倍数は14の１通り，次に十の位が２のとき，３のときって考えていくと，７の倍数は全部で［④］通りあるね。」

啓子「７の倍数でない整数は［③］－［④］（通り）だわ。」

明夫「宿題の答は［⑤］だね。」

啓子「そうだね。授業で習ったことを活用すると考えやすいわね。」

4 次の問いに答えなさい。

⑴ 右の図のように，△ABCの辺BC上に２点D，EがBD：DE：EC＝２：２：１となるようにあり，点Eを通って線分ADに平行な直線と辺ACとの交点をF，線分ADと線分BFの交点をGとするとき，AD：GDをできるだけ簡単な整数比で表しなさい。

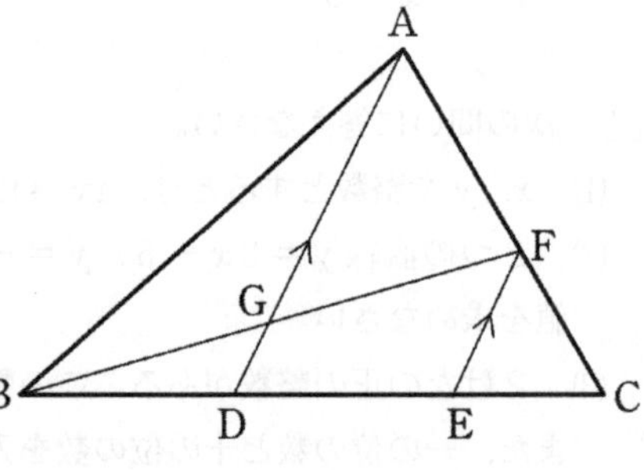

⑵ 右の図のように，線分ABを直径とする円Oの周上に，２点C，Dを∠ABC＝52°，BD＝CDとなるようにとるとき，∠ACDの大きさを求めなさい。

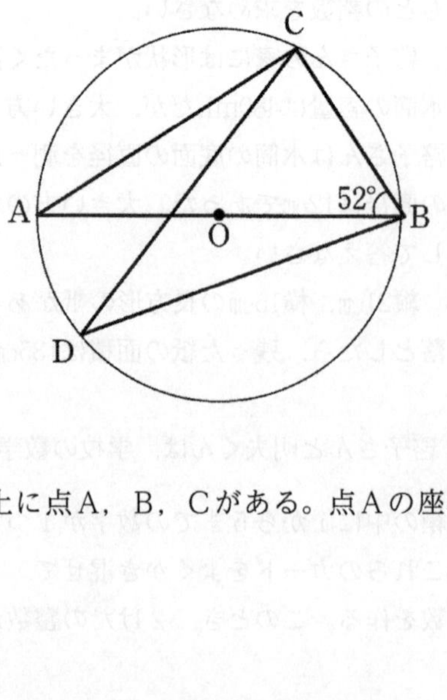

5 次のページの図のように放物線 $y = ax^2$ のグラフ上に点A，B，Cがある。点Aの座標は（－１，２）で，点Bの y 座標は８である。
あとの問いに答えなさい。

⑴ 直線ABの式を求めなさい。

⑵　直線OAに平行で，点Bを通る直線の式を求めなさい。

⑶　△OABと△OACの面積が等しくなるとき，点Cの座標を求めなさい。
ただし，点Cの x 座標は－1より小さいとする。

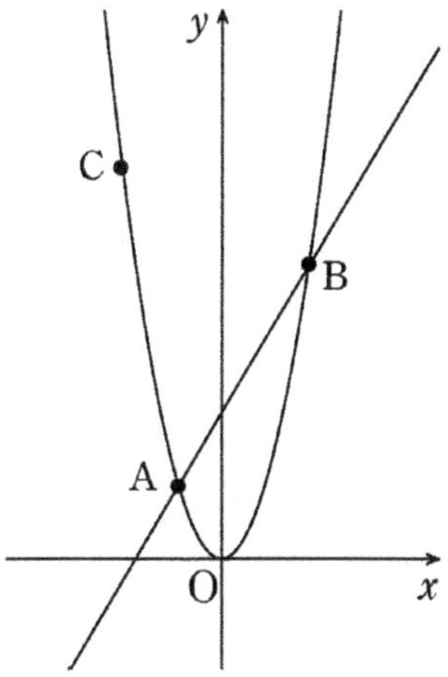

6　右の図のように1辺の長さが6㎝の立方体がある。点Pは辺BF，FG上を点Bから点Gまで動く。

次の問いに答えなさい。

⑴　点Pが辺BFの中点になったとき，△APCの面積を求めなさい。

⑵　三角すいB－APCの体積が，立方体全体の体積の $\frac{5}{36}$ になるとき，BPの長さを求めなさい。

⑶　点Pが辺FGの中点になったとき，APの長さを求めなさい。

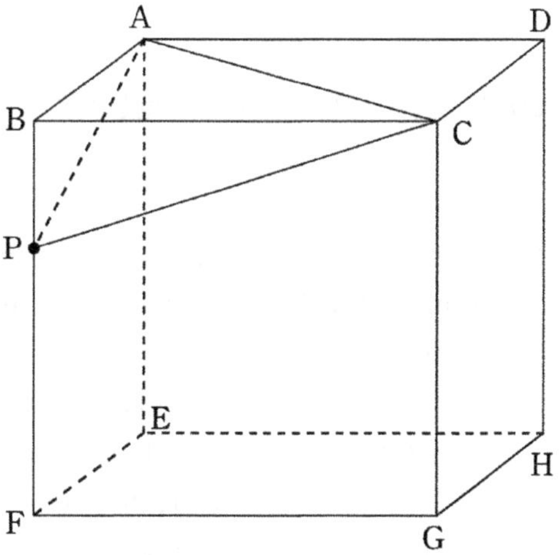

【英　語】（50分）　＜満点：100点＞　※リスニングテストの音声は弊社HPにアクセスの上，音声データをダウンロードしてご利用ください。

A　リスニングテスト（この問題にはCDプレーヤーが使用されます）

Part Ⅰ．英文は２度繰り返します。

(1) What time does the final test start?

ア．8:45.　イ．8:50.　ウ．8:55.

(2) How many times can students listen to the listening test?

ア．One time.　イ．Two times.　ウ．Three times.

(3) Choose one essay topic.

ア．Is A.I. our friend?　イ．What is biomimicry?　ウ．Who is your hero?

(4) How many points is the writing test?

ア．10.　イ．20.　ウ．30.

(5) Which instruction of the interview test is correct?

ア．You have to answer the questions with less than 3 sentences.

イ．Native English speakers will interview with students.

ウ．You cannot see the textbook but you can bring your notes during the interview test.

Part Ⅱ．英文と質問は２度繰り返します。

(6)～(10)

B　次の英文の（　）内に入る適切な語句を選び，記号で答えなさい。

(11) I must finish this job (　　) tomorrow evening.

ア．by　イ．till　ウ．in

(12) Must I go to school today? － No, you (　　).

ア．don't go　イ．don't have to　ウ．must

(13) She has (　　) Korean books.

ア．more　イ．many　ウ．much

(14) (　　) soon will the concert start?

ア．When　イ．Where　ウ．How

(15) My mother is (　　) tea by the window.

ア．drinking　イ．drunk　ウ．drinks

C　次の日本文の意味を表すように，（　）内の語句を正しい順に並べかえなさい。ただし，不要な語が１つあります。また，文頭にくる語も小文字にしてあります。

(16) 太郎はその２人のうち背の高いほうです。

(the / two / Taro / of / in / is / the / taller).

(17) 英語は世界中で話されている言語です。

(is / spoken / all / English / a language / the world / over / speaking).

(18) 傘を持っていくの忘れないようにしなさい。
(with / take / forget / you / don't / remember / your umbrella / to).

(19) いつまでタイに滞在予定ですか。
(you / long / stay / going / will / how / are / Thailand / to / in)?

(20) 医者から今晩は入浴しないように言われました。
(not / me / told / take / the doctor / a bath / stop / to) tonight.

D 次のテーマについてあなたの意見を英語で述べなさい。使用する単数は40語程度とします。ただし，カンマ，ピリオド等は数に入れません。

(21) Some people say high school students should study abroad. Do you agree or disagree? Why?

E 次の対話文を読み，あとの設問に答えなさい。

Keiko and Takashi are talking about smartphones.

Keiko: Hey, Takashi. You look so tired.

Takashi: Yeah, I was up half the night playing games and watching *YouTube* for about 5 hours straight. I tried to stop but I couldn't. And what's worse, I fell asleep and didn't charge my smartphone. ①**My phone is dying**.

Keiko: Wow. That seems like a very long time. Be careful using your smartphone, Takashi. Oh, I found a very interesting *survey on the internet last night. It's about children not being able to read.

Takashi: [(A)] What did it say?

Keiko: According to ②**the article**, now that children can easily access *a variety of visual media, they spend less time reading long texts. As a result, their reading and writing abilities are undeveloped and getting worse.

Takashi: How do our smartphones affect those abilities?

Keiko: Well, all of the pictures and videos on smartphones have made people depend on them to learn. *Apparently, children can learn better with images. However, when it's just text, they *struggle to understand what the text is about.

Takashi: I feel very scared. I usually spend 6 to 7 hours using my smartphone on weekdays. More than 10 hours on the weekend!

Keiko: Be careful, Takashi. Our smartphones are very convenient *devices. When you research something, we can also easily and quickly find a lot of information. However, we can quickly shift our attention from one task to another one such as *YouTube* or social media.

Takashi: That's true. Last night, I was doing my homework at first. But later I found myself watching *YouTube*...

Keiko: We have to be careful with using our smartphones. Oh, Takashi, have you ever heard of "Nomophobia?"

Takashi: Nomophobia? No, I haven't. Is that the fear of something *related to being alone?

Keiko: Yes. It's short for "no-mobile-phone phobia." It's the fear of being without your phone or being unable to use it. I think it's becoming more common, especially among younger generations.

Takashi: That's interesting. People are rarely without their smartphones. In my case, whenever I'm alone and feeling bored or anxious, I *unconsciously reach for my phone to check social media or play games.

Keiko: How do you feel when your smartphone's battery gets low?

Takashi: Hmm, a little bit *annoyed.

Keiko: [Ⓑ] For me, I get quite nervous. I get worried that I cannot contact someone in an emergency.

Takashi: That's true! Smartphones make you feel much safer, but maybe we rely on them too much.

Keiko: Yeah, it's a little scary that we cannot control ourselves.

Takashi: From now on, I will be careful with using my smartphone. I will try to read a book on the train first. Thank you for your information.

Keiko: You don't have to thank me. [Ⓒ]

*survey 調査　*a variety of いろいろな～　*apparently 明らかに

*struggle to ～するのに苦労する　*device 機器　*related to ～に関連している

*unconsciously 無意識に　*annoyed イライラした

設問１ 下線部①の意味に最も近い文をア～エから１つ選び，解答欄㉒に記入しなさい。

ア．His smartphone is broken and he can't use it.

イ．His smartphone's battery is low and soon he won't be able to use it.

ウ．He lost his smartphone and he can't find it.

設問２．会話の流れを考え，[Ⓐ] [Ⓑ] [Ⓒ] に入る最も適当な文をア～オからそれぞ選び，解答欄㉓～㉕に記入しなさい。

ア．I know what you mean.

イ．Pardon me?

ウ．Sounds interesting.

エ．That's my pleasure!

オ．Good to hear that.

設問３．下線部②の啓子が見つけた記事のタイトルとして最も適切なものを選び，解答欄㉖に記入しなさい。

ア．Recent Reading Habit

イ．How to Read Well

ウ．Children Love Books

設問4．スマートフォンを使用する上でのデメリットを2つ，日本語で答え，解答欄(27)と(28)に記入しなさい。

設問5．以下の質問に英語で答え，解答欄(29)～(31)に記入しなさい。

(29) According to Takashi, how many hours does he use his smartphone on Sunday?

(30) What was Takashi doing first on his smartphone last night?

(31) What is Takashi going to try doing instead of using his smartphone on the train?

F　次の英文を読み，あとの設問に答えなさい。

It might seem ①**alien** to you today, but in 1950's America, some people were treated unfairly because of their race. ②**One of the key ways this was done was by telling people how they had to live**. African Americans were told where they could live, eat, go to school, and be buried. One young woman fought against this *injustice. It made her an international role model and she earned the title, "the first lady of civil rights".

Rosa Parks was born on February 4, 1913, in *Tuskegee, Alabama. Her first experience with the every-day racism that surrounded her was during school. (A) had buses to take them to school while (B) had to walk. After she graduated from school, she joined ③**the National Association for the Advancement of Colored People (NAACP)**. It is an organization to help African Americans get justice from laws built to treat them poorly. Rosa often fought for justice and tried to bring the criminals to justice. Unfortunately, justice was very hard to find at the time. Criminals were usually allowed to walk free. The judges, always (C), were not willing to say other whites were the guilty ones.

In 1955, in *Montgomery, Alabama there were different seats for African Americans and White Americans on the buses. If (D) needed more seats, (E) would have to move. If there was no space, African Americans had to leave the bus. Rosa took a bus around 6 p.m. on a Thursday, December 1, 1955. She was soon asked to move and make space. Rosa Parks refused. The police arrested her and took her to jail. Her friends at NAACP helped her get out. Together they used her arrest as a symbol to fight against this *discrimination.

They began with a bus boycott. The entire African American community of Montgomery joined them. The boycott continued for 381 days, more than one year! Many public buses stood unused for months, damaging the bus company's income. The boycott stopped when the law requiring *segregation on public buses ended.

Parks died of old age on October 24, 2005, at the age of 92, in her apartment on the east-side of *Detroit.

Parks received many national *recognitions. They included *the Presidential Medal of Freedom, *the Congressional Gold Medal, and a statue in the United States Capitol's National Statuary Hall. She was not the first person to fight against segregation or use boycotts. However, her good *reputation, struggle for justice and success in ending segregation led to her winning the Nobel Peace Prize in 1964.

出典：Rosa Parks: The First Lady of Civil Rights. Siddharth Jaiman. Retrieved from https://www.pitara.com/non-fiction-for-kids/biographies-for-kids/rosa-parks/（一部改変）

*injustice　不公平な，不当な　*Tuskegee, Alabama　アラバマ州にある都市，タスキーギ

*Montgomery, Alabama　アラバマ州にある都市，モントゴメリー　*discrimination　差別

*segregation　分離，隔離　*Detroit　アメリカ中西部の都市，デトロイト　*recognitions　認識

*the Presidential Medal of Freedom　大統領自由勲章

*the Congressional Gold Medal　議会名誉黄金勲章　*reputation　評価，評判

設問１．下線部①の意味に最も近いものを選び，解答欄(32)に記入しなさい。

ア．familiar　イ．strange　ウ．old

設問２．下線部②を読み，解釈として正しいものを選び，解答欄(33)に記入しなさい。

ア．African Americans couldn't decide what they wanted to do.

イ．African Americans could choose which school to go to.

ウ．African Americans couldn't eat lunch at school.

設問３．（A）（B）（C）（D）（E）に入る語句がWhite Americansであればア，African Americansであればイと解答欄(34)～(38)に記入しなさい。

設問４．以下の質問に日本語で答え，解答欄(39)と(40)に記入しなさい。

(39) 下線部③の団体について，どのような団体か日本語で説明しなさい。

(40) 1955年12月１日にローザ・パークスは逮捕されました。なぜ逮捕されたのか日本語で説明しなさい。

設問５．以下の質問に英語で答え，解答欄(41)と(42)に記入しなさい。

(41) Under segregation in 1950's America, what were African Americans told? Write two things written in the passage.

(42) What did Rosa Parks and the NAACP do after she got out of jail?

設問６．以下の質問に英語で答え，解答欄(43)に記入しなさい。

(43) ローザ・パークスの活動について，あなたが考える最もすばらしいと思うことを具体的に挙げ，30語程度で答えなさい。

三、 次の――①～⑩の品詞名を、あとの語群からそれぞれ選んで記号で答えなさい。（同じ選択肢を使用してもよい）

①しかし市場では、誰もが②自分の必要に応じて意志決定し、欲求を充足できる。それぞれが限られた資金のなかで必要性の③高いものを④選択する。お金が有限だからこそ、人は自分の責任で⑤冷静に必要度の優先順位を考えられる。贈与の⑥ように人間関係にわずらわされることもない。

市場での交換は、個々の微細なニーズの差異や多様性に対応できる。贈与は、人⑦と人を⑧つなぐ心温まる行為だが、⑨けっして万能ではない。市場での交換も、もとからある資金（交換財）の偏りは解消できない。⑩その「最適値」は、すでにある偏りを度外視することで達成される。

【語群】

ア 動詞　イ 形容詞　ウ 形容動詞　エ 名詞

オ 副詞　カ 連体詞　キ 感動詞　ク 接続詞

ケ 助動詞　コ 助詞

資料Ⅰ

優先席を必要とする人が優先席を利用しやすくするための取り組みの案
・交通事業者によるアナウンスなどの広報活動
・メディア等での広報活動
・表示の明確化
・学校等での教育
・利用ルールの明確化
・罰則の導入

資料Ⅱ　優先席を譲らなかった時の理由（単位：%）

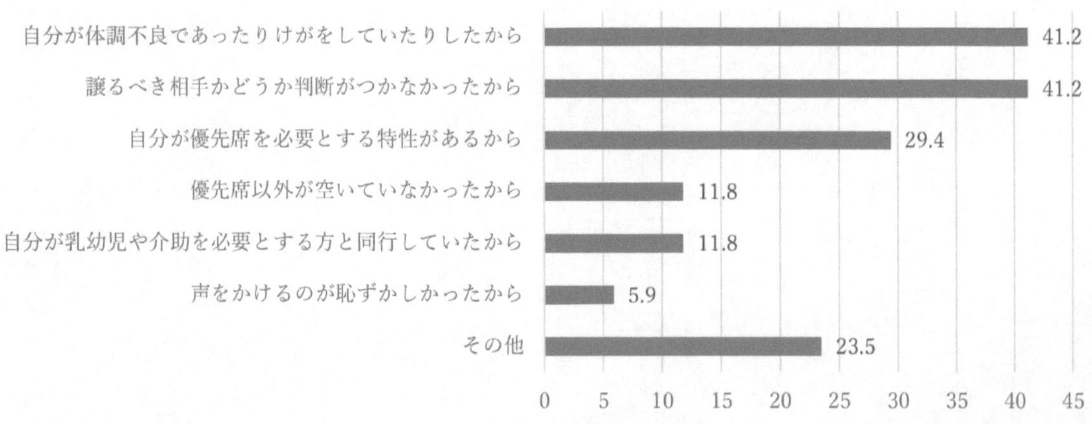

※国土交通省総合政策局「安心生活政策課国土交通行政インターネットモニターアンケート『心のバリアフリー』に関するアンケート」を元に作成。

文中の空欄［１］～［４］の中から一つ選び記号で答えなさい。

でも、国が支給した支援金だと、気軽に使えてしまう。最初にお金を出した人の存在がみえないからだ。

問9　――⑦「電車内での『公平さ』はどう確保できるのか」とあるが、これについてまとめた次の表の空欄Ⅰ、Ⅱにあてはまるように、国家の対応と市場の対応それぞれの課題点を述べなさい。

国家の対応	
例	優先パス
課題点	［Ⅰ］
市場の対応	
例	高い料金設定のチケット
課題点	［Ⅱ］

問10　空欄［Ａ］～［Ｄ］にあてはまる言葉としてそれぞれ最も適当なものを次の中から一つずつ選び記号で答えなさい。同じ記号を二度以上用いてはならない。

ア　まず　イ　では　ウ　たとえ　エ　でも　オ　そして

問11　空欄［Ｘ］にあてはまるものとして最も適当なものを次の中から一つ選び記号で答えなさい。

ア　相手が誠意を持って正論を突きつけてくると
イ　目の前で圧倒的な格差や不均衡を見せつけられると
ウ　目の前の現実に満足することができると
エ　うまくいかないのは制度の不備だと主張されると
オ　世間の人々の信頼を集めている人物から言われると

問12　空欄［Ｙ］にあてはまる言葉を本文から六字で書き抜きなさい。

問13　次のうち本文の内容として正しいものを一つ選び記号で答えなさい。

ア　格差は当人の能力や努力によるものだから、受け入れなければならない。
イ　被災地に物資を送る行為は送り手の自己満足に過ぎないため、すべきでない。
ウ　市場での交換を活性化したとしても、経済格差をなくすことは難しい。
エ　私達は交換や再分配を排し、贈与によって成り立つ社会を実現すべきだ。
オ　不均衡の解消には、個人レベルでのコミュニケーションは役に立たない。

問14　波線部「電車でお年寄りが立っていて、若者が座っていることがある」について次の問いに答えなさい。

ある高校で「優先席を必要とする人がその優先席を利用しやすくするためにどうすればよいか」という話し合いが行われた。資料Ⅰはその時のメモである。資料Ⅰ、Ⅱを参考に、必要とする人が優先席を利用しやすくするために、どのような人や団体と協力して、どのような取り組みを行うことが効果的だと考えられるか、理由とともに一五〇字から二〇〇字以内で具体的に答えなさい。なおその際、資料の数値を挙げながら説明すること。**【二枚目の原稿用紙に解答すること。】**

（資料Ⅰ、Ⅱは次のページにあります。）

問1 ＝＝a・b・cの意味として最も適当なものをそれぞれ選び記号で答えなさい。

a 「境遇」

ア ある人を取り巻く関係

イ ある人の持って生まれた才能

ウ ある人の持つ運勢

エ ある人の力の及ぶ範囲

b 「度外視」

ア 極めて重要だと考えること　イ かまわず問題にしないこと

ウ 大げさにとらえること　エ 過小に評価すること

c 「一概に」

ア 個別的に　イ 対照的に　ウ 一般的に　エ 例外的に

問2 ――①「こうして偏りの因果関係や対象範囲が限定され、自分とは無関係なものにされる」とあるが、人は何のためにこのようにするのか。

問3 ――②「個々の必要性をみたす最適値を目指す」とあるが、どういうことか。

問4 ――③「贈与」について、次のア～エのうち、本文における贈与の例として正しいものには○、間違っているものには×を書きなさい。

ア 子どもが相手と親しくなろうとしてダンゴムシをあげた。

イ 自分が苦手な数学を教えてもらう代わりに、友人の苦手な英語を教えてあげた。

ウ 鉛筆を使いきったという息子に頼まれて、新たに一箱買って帰った。

エ 日頃世話になっている祖父に、旅先の山で拾った木の実をお土産にした。

問5 ――④「避難所の近くに簡易コンビニが開設されると、被災者の方が喜んで買い物をしていた」とあるが、その理由として適当でないものを次の中から一つ選んで記号で答えなさい。

ア 供給する者との間に、商品の売買以外の余計な関係が生まれないから。

イ 予算の限られた中で、自分の欲しいものを考えて選ぶことができるから。

ウ お金を払って商品を購入することで、自分も他人の役に立つと思えるから。

エ 支援物資は、状況が変化する中で実際のニーズにあわないことが多いから。

オ 贈られたものは、必ず受けとらなければならないと感じてしまうから。

問6 ――⑤「多様性」の対義語を次の中から一つ選んで記号で答えなさい。

ア 相対性　イ 画一性　ウ 普遍性　エ 類似性

問7 ――⑥「再分配は、税などでいったん多くの人から徴収した財を特定の人や事業に振り分けることだ」とあるが、再分配の政治家にとってのメリットと納税者にとってのメリットをそれぞれ述べなさい。

問8 本文には次の一続きの二文が抜けている。これを補うべき箇所を

も妊婦と高齢者のどちらを優先すべきかなんて、c一概には決められない。荒唐無稽な例だと思われるかもしれないけど、生活保護や介護保険などの制度は、このような仕組みで成り立っている。

市場なら、どうするか。市場の原則に従えば、席に座りたい人は高い料金設定のチケットを買う仕組みをつくるだろう。これはすでに導入されている。新幹線の指定席のように、必要性の高さを国などの機関が決めるのではなく、どれだけ高い料金を払えるか、個々のニーズに応じた判断にゆだねるやり方だ。どうしても座りたい人は高い料金でも払うだろうし、我慢できる人は安い料金で立つことを選ぶはずだ。このやり方だとあまりコストはかからない。ただ、「公平さ」を確保するのは、やはり困難だ。お金持ちなら、若くて元気でも高いチケットを買うだろうし、身体が不自由でも、お金に困っていれば、安いチケットで我慢するはずだ。それがはたして公平なのか。

結局、国や市場の仕組みには限界がある。相手の様子やその場の状況に応じて、自発的に席を譲り合うという個人のコミュニケーション・レベルでの対処が、どうしても必要になる。目をつぶって気づかないふりをする人もいるし、正直者が損をするかもしれない。でも、若者が優先席に座って目の前にお年寄りが立っていれば、少なくとも周囲の人に「図々しいよな」とか、「恥ずかしいな」といった「共感」のスイッチが入る。電車が揺れるたびにそのお年寄りがふらふらでもしていたら、気づかないふりをしていた人のあいだにも「うしろめたさ」が生じるだろう。

電車のなかはお互いの様子が見えるので、どちらかといえば共感が生じやすい空間だ。病気にしても、貧困にしても、世の中には表に出ない不均衡があふれている。ある程度までは国が制度をつくって対応しないといけない。［A］、制度が整えば整うほど、国がやるべきことだとか、うまくいかないのは制度の不備だとか、個人が責任を回避する口実も増える。「制度」に頼りすぎるのもよくない。国や市場のやることには、かならず抜け落ちる部分があるのだから。

［B］、どうしたらいいのか？

［C］、知らないうちに目を背け、いろんな理由をつけて不均衡を正当化していることに自覚的になること。［D］、ぼくらのなかの「うしろめたさ」を起動しやすい状態にすること。人との格差に対してわきあがる「うしろめたさ」という自責の感情は、公平さを取り戻す動きを活性化させる。そこに、ある種の倫理性が宿る。

ぼくらは「これが正しいのだ！」とか、「こうしないとだめだ！」なんて真顔で正論を言われても、それを素直に受け入れることができない。でも、［　X　］、誰もがなにかしなければ、という気持ちになる。バランスを回復したくなる。

震災後、冷たい雨のなか、がれきを拾い集める人たちの姿をテレビで見て、快適な部屋でなにもしていない自分に［　Y　］を感じ、被災地に義援金を送った、という人もいるだろう。国会前でデモが続いているとき、若者が自分の言葉で政治について語る姿を見て、自分はなにをやっているんだ、と反省を迫られた人もいるだろう（私です）。

こうして、倫理性は「うしろめたさ」を介して感染していく。目を背けていた現実への認識を揺さぶられることで、心と身体に刻まれている公平さへの希求が、いろんな場所で次つぎと起動しはじめる。

（松村圭一郎『うしろめたさの人類学』ミシマ社）

④避難所の近くに簡易コンビニが開設されると、被災者の方が喜んで買い物をしていた。そばに無料の支援物資がたくさんあるのに、なぜ自分でお金を払う商品が求められるのか。

　贈り物を受けとることに選択の余地はない。与えられたモノは、受けとらなければならない。それはモースが言ったように、ある種の「義務」だ。

　しかし市場では、誰もが自分の必要に応じて意志決定し、欲求を充足できる。それぞれが限られた資金のなかで必要性の高いものを選択する。お金が有限だからこそ、人は自分の責任で冷静に必要度の優先順位を考えられる。贈与のように人間関係にわずらわされることもない。

　市場での交換は、個々の微細なニーズの差異や⑤多様性に対応できる。贈与は、人と人をつなぐ心温まる行為だが、けっして万能ではない。市場での交換も、もとからある資金（交換財）の偏りは解消できない。その「最適値」は、すでにある偏りをb度外視することで達成される。

　再分配はどうか。⑥再分配は、税などでいったん多くの人から徴収した財を特定の人や事業に振り分けることだ。非市場的な財の移譲という意味では贈与に近いが、おもに国の政策を実施するために利用される。

[1]

　贈与と違うのは、お金の出所が匿名化され、覆い隠されること。個人からの義援金や支援物資といった「贈り物」は、受けとった人に少なからず贈り手のことを想起させる。だから、たぶんちょっと重い。[2]

　公共事業の功績者に政治家の名前はあげられても、納税者の名前が出されることはない。国にとって再分配が重要なのは、それが国民の負担を国家や政治家の功績に変える仕組みだから。その恩恵を受けた人は、国への恩を感じたとしても、税を払った市民に感謝することはない。

[3]

　同じく納税者の側も、自分が資金の提供者であるという意識を失う。再分配の失敗は、政府の責任であって、自分の責任ではない。交換が人の関係を解消し、贈与が人と人をつなげるとしたら、再分配では本来あるべきつながりが途中で切れている。[4]

　公平さを実現するための手段にはさまざまな限界がある。では、どうすべきなのか。

　公平さというバランスを取り戻すために、ぼくらは現実についての認識をずらしたり、物や財を動かしたりすることで対応している。モノを動かす動かし方には市場での交換、社会のなかでの贈与、そして国家による再分配があった。

　それぞれに一長一短があって、万能な方法があるわけではない。それらを組み合わせながら公平さを目指すしかないし、現にそうやっている。

　具体的なケースで考えてみよう。電車でお年寄りが立っていて、若者が座っていることがある。はたして⑦電車内での「公平さ」はどう確保できるのか？

　国家が政策でやるとしたら、優先パスを発行するかもしれない。高齢者や妊婦、障がい者、長距離を移動する人など、座る必要性が高い人にはパスを発行し、そのパスをもっている人が優先的に座れるようにする。でもこれを実現するには、それぞれの必要性を審査したり、違反者を監視する仕組みをつくったり、膨大な手間やコストがかかる。そもそ

【国　語】（五〇分）〈満点：一〇〇点〉

一、＝＝1～8のひらがなは漢字に、漢字はひらがなに直しなさい。（送りがなも書くこと）

1　駅伝の記録が二十年ぶりにこうしんされた。
2　ここでは動物のほかくが禁じられている。
3　ボールのだんりょくを活かして攻撃する。
4　紛争にしょうてんを当てて論じる。
5　技術のすいを集めたロケットが作られた。
6　登校してから忘れ物に気づいてあわてる。
7　部活動の先輩に全幅の信頼を寄せる。
8　人権を擁護する活動に一生を捧げる。

二、次の文章を読んで後の問に答えなさい。

ぼくらの心と身体は公平さというバランスを希求している。他者とのあいだに大きな偏りを察知すると、人はそれを是正しようとする。

では、公平さのバランスを取り戻すには、どんな手段があるのか？

ひとつは、偏りそのものを否定したり、覆い隠したり、見て見ぬふりをすること。もともと偏りがなかったことにしてしまえば、擬似的にバランスを回復できる。これは、ぼくらがもっとも頻繁にやっていることかもしれない。

偏りには、その偏りができる正当な理由がある。収入やa境遇の格差は、能力に差があるからだ。努力した結果なのだから、格差が生じても仕方ない。世界には苦しんでいる人もいるが、それはその国の責任だ。日本人は日本の問題だけを考えればよい。①こうして偏りの因果関係や対象範囲が限定され、自分とは無関係なものにされる。

バランスを取り戻すもうひとつの方法は、物や財を動かすこと。より多くもつ人からもたない人へモノを譲り渡す。この「移譲」には、おもに市場での交換、社会的な贈与、国家による再分配がある。

市場での交換は、等価物が交換されているようにみえるが、じつはそうではない。モノの価値は、人によって異なる。野菜をたくさんもっている人は、肉や魚により高い価値を見いだす。逆に肉や魚が余っている人にとっては、野菜がより高い価値をもつ。同じ額のお金があっても、人によって本を買うのか、服を買うのか、映画を観に行くのか、違う。違う価値のモノが交換され、双方が満足を得る。市場での交換は、基本的には、こうした②個々の必要性をみたす最適値を目指す。

一方、③贈与は、この最適値を目指さない。バレンタインデーのチョコレートは、相手がチョコレートに価値を見いだすかどうかわからないまま渡される。お中元やお歳暮なども、相手の必要をまかなうために贈られるわけではない。ふだん自分では買わないような品が贈られることも多い。贈与は、相手の必要性や欲求を満たすためのものではない。感謝や愛情といった感情を表現し、相手との関係を築くためのコミュニケーションだ。

東日本大震災のあと、被災地に向けて大量の支援物資が届けられた。それは、ある種の公平さの回復を目指した行為だったと思う。でも、ぼくらが目にしたのは、被災地の実情に合わず、倉庫に大量に保管されたままの物資であり、刻々と変化する現地のニーズに対応する難しさだった。

MEMO

大切なことはメモしておこうネ！

2024年度

解　答　と　解　説

《2024年度の配点は解答欄に掲載してあります。》

＜数学解答＞

1　(1)　-54　(2)　$\dfrac{8a+19b}{21}$　(3)　$3\sqrt{2}$　(4)　$x=\dfrac{2\pm\sqrt{19}}{3}$　(5)　$(x-6)(x+1)$

2　(1)　12組　(2)　$a=\dfrac{8}{3}$　(3)　73　(4)　1.6L　(5)　$x=3$

3　①　5　②　4　③　20　④　4　⑤　$\dfrac{4}{5}$

4　(1)　6：1　(2)　19°

5　(1)　$y=2x+4$　(2)　$y=-2x+12$　(3)　$(-3,\ 18)$

6　(1)　$9\sqrt{6}\text{cm}^2$　(2)　5cm　(3)　9cm

○推定配点○

3　各2点×5　他　各5点×18　計100点

＜数学解説＞

基本　1　(数・式の計算，平方根の計算，因数分解)

(1)　$-(-3)^3-9^2=-(-27)-81=27-81=-54$

(2)　$\dfrac{5a-3b}{7}-\dfrac{a-4b}{3}=\dfrac{3(5a-3b)-7(a-4b)}{21}=\dfrac{15a-9b-7a+28b}{21}=\dfrac{8a+19b}{21}$

(3)　$\sqrt{8}-\sqrt{18}+\sqrt{32}=2\sqrt{2}-3\sqrt{2}+4\sqrt{2}=3\sqrt{2}$

(4)　$3x^2-4x-5=0$　二次方程式の解の公式から，$x=\dfrac{-(-4)\pm\sqrt{(-4)^2-4\times3\times(-5)}}{2\times3}=\dfrac{4\pm\sqrt{76}}{6}$ $=\dfrac{4\pm2\sqrt{19}}{6}=\dfrac{2\pm\sqrt{19}}{3}$

(5)　$x^2-5x-6=x^2+\{(-6)+1\}x+(-6)\times1=(x-6)(x+1)$

2　(数の性質，1次関数，連立方程式の応用問題，空間図形の相似，2次方程式の応用問題)

(1)　$xy=12$を満たす$(x,\ y)$の組は，$(x,\ y)=(1,\ 12)$，$(2,\ 6)$，$(3,\ 4)$，$(4,\ 3)$，$(6,\ 2)$，$(12,\ 1)$，$(-1,\ -12)$，$(-2,\ -6)$，$(-3,\ -4)$，$(-4,\ -3)$，$(-6,\ -2)$，$(-12,\ -1)$の12組

(2)　$y=2x-5$…①　$y=-4x+13$…②　①と②からyを消去すると，$2x-5=-4x+13$，$6x=18$，$x=3$　①に$x=3$を代入して，$y=2\times3-5=1$　よって，①と②の交点の座標は，$(3,\ 1)$　$y=ax-7$に$(3,\ 1)$を代入して，$1=3a-7$，$3a=8$，$a=\dfrac{8}{3}$

(3)　もとの整数の一の位の数をx，十の位の数をyとすると，仮定から，$5x+y=22$…①　$10x+y=10y+x-36$，$9x-9y=-36$，$x-y=-4$…②　①＋②から，$6x=18$，$x=3$　②に$x=3$を代入して，$3-y=-4$，$y=7$　よって，もとの整数は73

重要　(4)　小さい方の水筒をX，大きい方の水筒をYとすると，X∽Yで，相似比は，8：12＝2：3　よって，体積比は$2^3：3^3=8：27$　大きい方の水筒の容量をyとすると，$480：y=8：27$　$8y=12960$，$y=12960\div8=1620$　1620ml＝1.62L　小数第2位を四捨五入して，1.6L

(5)　$(21-2x)(15-2x)=135$から，$315-42x-30x+4x^2-135=0$，$4x^2-72x+180=0$，$x^2-18x+45=0$，$(x-3)(x-15)=0$，$x=3$，15　$x<15$から，$x=3$

3 （場合の数と確率）

① 十の位の数は，1，2，3，4，5の5通り

② 一の位の数は，十の位の数以外の4通りずつあるから，枝の数は4本

③ ①，②より，2けたの数は，5×4＝20（通り）

④ 7の倍数は，14，21，35，42の4通り

⑤ 7の倍数でない整数は，20－4＝16（通り）　よって，7の倍数でない確率は，$\frac{16}{20}=\frac{4}{5}$

4 （平面図形の計量問題－平行線と線分の比の定理，円の性質，角度）

(1) 平行線と線分の比の定理より，FE：AD＝CE：CD＝1：3　AD＝3FE…①　GD：FE＝BD：BE＝2：4＝1：2　GD＝$\frac{1}{2}$FE…②　①と②より，AD：GD＝3FE：$\frac{1}{2}$FE＝3：$\frac{1}{2}$＝6：1

(2) ABは円の直径より，∠ACB＝90°　△ACBの内角の和の関係から，∠CAB＝180°－90°－52°＝38°　弧BCの円周角だから，∠CDB＝∠CAB＝38°　△DBCは二等辺三角形だから，∠DCB＝(180°－38°)÷2＝71°　よって，∠ACD＝90°－71°＝19°

5 （図形と関数・グラフの融合問題）

(1) $y=ax^2$に点Aの座標を代入して，$2=a\times(-1)^2$，$a=2$　$y=2x^2$に$y=8$を代入して，$8=2x^2$，$x^2=4$，$x=\pm2$　よって，B(2，8)　直線ABの傾きは，$\frac{8-2}{2-(-1)}=\frac{6}{3}=2$　$y=2x+b$に点Aの座標を代入して，$2=-2+b$，$b=4$　よって，直線ABの式は，$y=2x+4$

(2) 直線OAの傾きは－2　$y=-2x+c$に点Bの座標を代入すると，$8=-2\times2+c$，$c=12$　よって，求める直線の式は，$y=-2x+12$

重要 (3) $y=2x^2$…①　$y=-2x+12$…②　①と②の交点をCとすると，△OAB＝△OACとなる。①と②からyを消去すると，$2x^2=-2x+12$，$x^2=-x+6$，$x^2+x-6=0$，$(x+3)(x+2)=0$，$x=-3$，2　$x<-1$より，点Cのx座標は－3　①に$x=-3$を代入して，$y=2\times(-3)^2=18$　よって，C(－3，18)

6 （空間図形の計量問題－三平方の定理，体積）

(1) BP＝6÷2＝3　△ABPと△CBPにおいて三平方の定理を用いると，AP＝CP＝$\sqrt{6^2+3^2}=\sqrt{45}=3\sqrt{5}$　AC＝$6\sqrt{2}$　点PからACへ垂線PHをひくと，△APCは二等辺三角形だから，AH＝$6\sqrt{2}\div2=3\sqrt{2}$　△APHにおいて三平方の定理を用いると，PH＝$\sqrt{(3\sqrt{5})^2-(3\sqrt{2})^2}=\sqrt{27}=3\sqrt{3}$　よって，△APC＝$\frac{1}{2}$×AC×PH＝$\frac{1}{2}\times6\sqrt{2}\times3\sqrt{3}=9\sqrt{6}$(cm²)

重要 (2) B－APC＝$\frac{6\times6\times6\times5}{36}=30$　BP＝$x$cmとおくと，B－APC＝$\frac{1}{3}\times\frac{1}{2}\times6\times6\times x=6x$　$6x=30$から，$x=5$　よって，BP＝5cm

基本 (3) FP＝6÷2＝3　AP＝$\sqrt{AB^2+BF^2+FP^2}=\sqrt{6^2+6^2+3^2}=\sqrt{81}=9$(cm)

★ワンポイントアドバイス★

6(2)の三角すいB－APCの体積は，△ABCを底面とする三角すいとみると，高さはBPとなる。

＜英語解答＞

A　(1)　イ　(2)　イ　(3)　ウ　(4)　ウ　(5)　イ　(6)　It was Jon.
(7)　She wants to learn trumpet.　(8)　To do some work (on business.)
(9)　For an hour.　(10)　4 days.

B　(11)　ア　(12)　イ　(13)　イ　(14)　ウ　(15)　ア

C　(16)　Taro is the taller of the two.　(17)　English is a language spoken all over the world.　(18)　Don't forget to take your umbrella with you.　(19)　How long are you going to stay in Thailand?　(20)　The doctor told me not to take a bath tonight.

D　(21)　解説参照。

E　(22)　イ　(23)　ウ　(24)　ア　(25)　エ　(26)　ア　(27)　読み書きの力が低下する　(28)　注意が違うものにそれる。[集中力が続かず，違うことをやってしまう。]
(29)　More than 10 hours.　(30)　He was doing his homework.
(31)　He is going to try to read a book.

F　(32)　イ　(33)　ア　(34)　ア　(35)　イ　(36)　ア　(37)　ア　(38)　イ
(39)　アフリカ系アメリカ人が彼らを抑圧するために作られた法律システムから，正義を得られるよう支援する団体。　(40)　バスで白人に席を移動するよう言われたが，それを拒否したため。　(41)　They were told where they could eat and where they could go to school [where they could live and where they could be buried].
(42)　They began with a bus boycott.　(43)　解説参照。

○推定配点○
A～C　各2点×20　D　5点　E　(22)～(26)　各2点×5　他　各3点×5
F　(32)～(38)　各2点×7　(43)　4点　他　各3点×4　計100点

＜英語解説＞

A　(聞き取り・書き取り)

Part 1

Good morning everyone. Before we start today's class, I'm going to explain about the final exam. You can take notes if you want. The final exam will be held during 1st and 2nd period on July 5th. When the first bell rings at 8:45, you have to be seated at your desk because I will want to give a brief explanation about the test. When the second bell rings 5 minutes after the first bell, you can start the test.
The test includes listening, writing and an interview. The listening test will be 20 points. The test will cover one of the following topics: 1. The History of the U.S. 2. What is biomimicry?, and 3. Is A. I. our friend?. Please review these topics in your textbook. The passages and questions on the listening test will be played twice.
Next is about the writing test. The test is 30 points. You are required to write about two topics from the following: 1. Who is your hero? 2. What job will disappear in the future? and 3. How to reduce garbage. You need to write at least 10 sentences for each topic. Remember: write your essay neatly. I sometimes cannot read some of your essays because

your handwriting is messy. Once again, please try to write your essay nicely and correctly. Last is the interview test. I know speaking English always makes you feel nervous, but don't worry. You will be fine if you practice English very hard every day. The test will be 25 points. The interviewers are all native English speaking teachers. They will ask you about yourself such as your family, your school life or your favorite things. Also they will ask you about the topics we learned in our class. You are required to answer with more than 5 sentences for each question. The topics are the same as the listening test. Of course, you cannot look at the textbook or bring your notes when you take the exam.
That is everything about the test. If you have any questions, please come see me after school. You still have time to study for the final exam. I hope you get a good score on the test. Good luck everyone.

やや難 Part 1

みなさん，おはようございます。今日の授業を始める前に，最終試験について説明します。メモを取りたければ取っても構いません。最終試験は7月5日の1，2時間目に行われます。8時45分に最初のチャイムが鳴ったら，試験について短い説明をしたいので，自席に着席してください。最初のチャイムの5分後に2回目のチャイムが鳴ったら，試験を始めることができます。

試験にはリスニング，筆記，面接が含まれます。リスニング試験は20点です。試験は次のテーマのうちの1つを取り上げます。1　アメリカの歴史　2　バイオミミクリーとは何か　3　A. I.は私たちの友人か　教科書でこれらのテーマを復習してください。リスニング試験の文章と質問は2回再生されます。

次は筆記試験についてです。試験は30点です。次の中から2つのテーマについて書くことが要求されます。1　あなたのヒーローは誰か　2　将来どんな職業がなくなるか　3　ごみを減らす方法　それぞれのテーマに対し，少なくとも10文を書く必要があります。覚えておいてください。作文はきれいに書いてください。手書きの字が汚いために作文が読めないことが時々あります。もう1度言います，作文はきれいに正確に書くようにしてください。

最後は面接試験です。英語を話すことはあなたを不安にさせますが，心配しないでください。毎日英語を一生懸命練習すれば大丈夫です。試験は25点です。面接官は全員英語のネイティブスピーカーの教員です。彼らはあなたの家族，学校生活，好きなことなど，あなた自身について尋ねます。また，授業で学んだテーマについても質問します。各質問に対し，5文より多く答えることが要求されます。テーマはリスニング試験と同じです。もちろん，試験を受ける時に教科書を見ることやノートを持ってくることはできません。

試験については以上です。質問があれば放課後私に会いに来てください。最終試験の勉強をする時間はまだあります。テストで高得点を取ることを期待しています。みなさん頑張ってください。

(1)　最終試験は何時に始まるか。

ア　8時45分。　イ　8時50分。　ウ　8時55分。

(2)　生徒たちはリスニング試験を何回聞くことができるか。

ア　1回。　イ　2回。　ウ　3回。

(3)　作文のテーマを1つ選びなさい。

ア　A.I.は私たちの友人か。

イ　バイオミミクリーとは何か。

ウ　あなたのヒーローは誰か。

(4)　筆記試験は何点か。

ア 10。　イ 20。　ウ 30。

(5) 面接試験についてどの指示が正しいか。

ア 質問に3文より少なく答えなくてはならない。

イ 英語のネイティブスピーカーが生徒と面接する。

ウ 面接試験の間は教科書を見ることはできないがノートを持ってきてもよい。

Part 2

(6) Jon went to a zoo with his family this summer. There were many kinds of animals, such as elephants, giraffes and pandas. He could take a picture with a koala, but his brother couldn't take a picture with one because he was scared of the koala.

Question: Who took the picture with the koala?

(7) Keiko is good at playing the violin. She has been playing it for 8 years. A few years ago, she tried to play the guitar, but it was difficult for her to play it. Now, she wants to learn another instrument, trumpet.

Question: What instrument does she want to learn?

(8) Takuya lives in Tokyo. Last summer, he went to Canada and stayed with a host family. This summer, his host father, Mr. Marshall, came to Tokyo on business. Takuya and his family took him to Asakusa on the weekend. It was very fun.

Question: Why did Mr. Marshall come to Tokyo?

(9) I usually have baseball practice on Sundays, but the practice was canceled last Sunday because of heavy rain. So I decided to clean my room in the morning. It took two hours to clean up my room. After lunch I did my homework for an hour and a half. Then, I helped my mother cook dinner. We made curry. After dinner I played a video game for an hour. It was a nice and relaxed Sunday.

Question: How long did he play a video game?

(10) Mr. Yamada plans to go to East Asia this summer vacation. He is going to stay in Malaysia for 4 days and 3 days in Singapore. Now, he has only 5 days before his trip. He will go shopping to get a few things.

Question: How long is Mr. Yamada going to stay in Malaysia?

Part Ⅱ

(6) 今年の夏，ジョンは家族と一緒に動物園へ行った。ゾウ，キリン，パンダなど，たくさんの種類の動物がいた。彼はコアラと一緒に写真を撮ることができたが，弟はコアラが怖かったために一緒の写真を撮ることができなかった。

質問：誰がコアラと一緒に写真を撮ったか。

(7) ケイコはバイオリンを弾くことが得意だ。彼女は8年間それを演奏している。数年前，彼女はギターを弾こうとしたが，彼女にとってそれを演奏することは難しかった。今，彼女は別の楽器であるトランペットを習いたいと思っている。

質問：彼女は何の楽器を習いたいか。

(8) タクヤは東京に住んでいる。去年の夏，彼はカナダへ行ってホストファミリーのところに滞在した。今年，彼のホストファーザーであるマーシャル氏が出張で東京に来た。タクヤと家族は週末に彼を浅草に連れて行った。それはとても楽しかった。

質問：なぜマーシャル氏は東京に来たのか。

(9) 私はふつう日曜日に野球の練習があるが，先週の日曜日は大雨のために練習が中止になった。

そこで私は午前中に自分の部屋を掃除することにした。自分の部屋を掃除するのに2時間かかった。昼食後，私は1時間半宿題をした。それから私は母が夕食を作るのを手伝った。私たちはカレーを作った。夕食後，私はテレビゲームを1時間した。素晴らしくてのんびりした日曜日だった。

質問：彼は何時間テレビゲームをしたか。

(10)　ヤマダ氏は今年の夏休みに東アジアに行く計画をしている。彼はマレーシアに4日間，シンガポールに3日間滞在するつもりだ。彼は今，旅行まで5日しかない。彼はいくつかのものを買うために買い物に行くつもりだ。

質問：ヤマダ氏はマレーシアにどのくらい滞在するつもりか。

基本 B　(語句補充・選択：前置詞，助動詞，単語，疑問詞，進行形)

(11)「私はこの仕事を明日の晩までに終わらせなくてはならない」 by ～「～までに」は期限を表す前置詞。

(12)「私は今日学校に行かなくてはいけませんか」「いいえ，行かなくてもいいです」 don't have to は「しなくてもよい」という意味。

(13)「彼女はたくさんの韓国の本を持っている」 many「たくさんの」

(14)「コンサートはあとどのくらいで始まりますか」 how soon「どのくらい早く，あとどのくらいで」は，物事がこの後いつ起こるかを尋ねる疑問詞。

(15)「母は窓際でお茶を飲んでいる」 現在進行形「～している」の文。

C　(語句整序問題：比較，前置詞，分詞，不定詞，単語，助動詞)

(16)　2者の比較では比較級を用いる。また太郎は「背の高いほう」だと限定されるので，定冠詞 the がついて Taro is the taller となる。「その(数)のうちで」は＜ of the ＋数＞と表す。in が不要。

(17)　まず English is a language「英語は言語だ」という文を作り，形容詞的用法の過去分詞句を続けて spoken all over the world が後ろから language を修飾する。speaking が不要。

(18)　＜Don't forget to ＋動詞の原形＞で「～するのを忘れるな，忘れずに～しなさい」という命令文になる。＜ take ＋もの＋ with you ＞「(もの)を持っていく」 remember が不要。

(19)　How long は期間を尋ねる疑問詞。日本語では「いつまで」となっているが「どのくらい長く」と尋ねる。未来を表す＜ be going to ＋動詞の原形＞の疑問文にするので will が不要。

(20)　The doctor を主語にして「医者が私に今晩は入浴しないように言った」という文にする。＜ tell ＋人＋ not to ＋動詞の原形＞「(人)に～しないように言う」 take a bath「入浴する」 stop が不要。

重要 D　(英作文)

(21)　テーマは「高校生は留学すべきだ言う人もいる。あなたは賛成ですか，反対ですか。その理由は？」というものである。学校の模範解答は公表されていないが，以下のようなものが考えられる。

(賛成の場合)　I agree with the opinion that high school students should study abroad. You can get international experience at an early age and learn the language spoken there faster. It will help when you decide what you will study in university.「私は高校生は留学すべきだという意見に賛成です。若い時に国際的な経験を得られるし，そこで話されている言語を速く習得することができます。それは大学で何を学ぶかを決める際に役立ちます」

(反対の場合)　I don't think high school students should study abroad. It's too early for high school students to live without their parents in a foreign country. You may not be able to cope with problems by yourself if you get into trouble.「私は高校生が留学すべきだと思いません。外国で両親が不在で生活することは高校生には早すぎます。トラブルにあった場合，問題に自分で対処することができないかもしれません」

E （会話文読解：語句解釈，文補充・選択，内容吟味，英問英答）

（全訳） ケイコとタカシはスマートフォンについて話している。

ケイコ：ねえ，タカシ。すごく疲れているように見えるよ。

タカシ：うん，僕は夜半まで起きていて，ゲームをしたりユーチューブを5時間くらい連続して見たりしていた。やめようとしたけれどできなかった。さらに悪いことに僕は寝てしまってスマートフォンを充電しなかった。①僕のスマホは死にかけているよ。

ケイコ：うわ。それはすごく長時間だね。タカシ，気をつけてスマートフォンを使ってね。そうだ，私は昨日インターネットで興味深い調査を見つけたの。それは読むことができない子供についてのものよ。

タカシ：(A)おもしろそうだね。何と言っていた？

ケイコ：②記事によると，子供たちは今，いろいろな視覚メディアに簡単にアクセスできるから，長い文章を読む時間が少なくなっているの。結果として彼らの読み書き能力が発達せずに悪化しているの。

タカシ：僕たちのスマートフォンはその能力にどう影響を与えるの？

ケイコ：人は学ぶ際に，スマートフォン上の画像や動画に依存してしまうようになった。子供たちは明らかに画像があったほうが容易に学ぶことができる。でも文章だけだと，彼らはその文章が何についてのものか理解するのに苦労するの。

タカシ：とても怖いな。僕はたいてい平日は6～7時間スマートフォンを使って過ごして，週末は10時間以上だよ！

ケイコ：タカシ，気を付けて。スマートフォンはとても便利な機器よ。何かを調べる時，たくさんの情報を簡単にすぐに見つけることができる。でも私たちはすぐに注意を別のもの，例えばユーチューブやSNSに向けてしまうわ。

タカシ：それは本当だね。昨夜，僕は最初宿題をしていたんだ。でもしばらくすると自分がユーチューブを見ていることに気づいた。

ケイコ：私たちはスマートフォンを使うことに注意しなくてはいけないわ。タカシ，「ノモフォビア」って聞いたことある？

タカシ：ノモフォビア？　いや，ない。それは1人になることに関して何かを怖がること？

ケイコ：そう。それは「携帯電話なし恐怖症」の略よ。自分のスマホがない，またはそれを使えないことの恐怖。それはどんどん一般的になってきていると思う，特に若い世代の間で。

タカシ：それは興味深い。自分の携帯電話を持たないことはめったにないよね。僕の場合，1人でいる時に退屈したり不安だったりするといつも，SNSをチェックするためやゲームをするために無意識に自分のスマホを探すよ。

ケイコ：自分のスマホのバッテリーが少なくなると，どう感じる？

タカシ：うーん，少しイライラする。

ケイコ：(B)あなたが言いたいことがわかるわ。私はかなり不安になる。緊急の時に誰かと連絡がとれないということが心配になるわ。

タカシ：そうだね！　スマートフォンはとても安心させてくれるけれど，もしかしたら僕たちは頼りすぎているのかもしれない。

ケイコ：うん，自分自身をコントロールできないのは少し怖いわ。

タカシ：今から僕はスマホを使うのに注意するよ。まず電車では本を読むようにする。情報をありがとう。

ケイコ：お礼なんて言わなくていいわ。(C)どういたしまして！

設問1　イ「彼のスマートフォンのバッテリーが少なくて，もうすぐ使えなくなる」

設問2　全訳下線部参照。

設問3　最近の子供たちの読書や読み書き能力について書かれたものなので，ア「最近の読書習慣」が適切。

設問4　(27)　ケイコの3番目の発言参照。　(28)　ケイコの5番目の発言参照。

やや難　設問5　(29)「タカシによると，彼は日曜日に何時間スマートフォンを使うか」　タカシの4番目の発言参照。　(30)「昨夜，タカシは最初スマートフォンで何をしていたか」　タカシの5番目の発言参照。　(31)「タカシは電車でスマートフォンを使う代わりに何をしようとしているか」　タカシの最後の発言参照。be going to を使った疑問文なので答えの文もbe going to を使って He is going to try to read a book. とする。

F　**(長文読解問題・歴史：同意語，語句解釈，語句補充・選択，内容吟味，英問英答，英作文)**

(全訳)　それは現代には①違和感があるように思われるかもしれないが，1950年代のアメリカでは人種のために不平等に扱われる人々がいた。②これが行われた主な方法の1つは，人々にどうやって生活しなくてはいけないか指示することだった。アフリカ系アメリカ人たちはどこに住み，食事をし，学校へ行き，埋葬されることが可能かを指示された。1人の若い女性がこの不公平に対して戦った。それは彼女を国際的なロールモデルにし，彼女は「公民権運動の最初の女性」という称号を得た。

ローザ・パークスは1913年，2月4日にアラバマ州タスキーギで生まれた。身の回りの日常的な人種差別を彼女が最初に経験したのは学校時代だった。(A)白人系アメリカ人は通学のバスがあったが，(B)アフリカ系アメリカ人は歩かなくてはならなかった。学校を卒業後，彼女は③全米黒人地位向上協会(NAACP)に参加した。それはアフリカ系アメリカ人が，彼らを不当に扱うために作られた法律から，正義を獲得するよう支援する団体である。ローザ・パークスはしばしば正義のために戦い，犯罪者に裁きを受けさせせようとした。不幸なことに，当時正義はあまりなかった。犯罪者はふつう自由に出歩くことができた。裁判官は常に(C)白人系アメリカ人で，他の白人が有罪であると言いたがらなかった。

1955年，アラバマ州モンゴメリーでは，バスでアフリカ系アメリカ人と白人系アメリカ人に別の座席があった。(D)白人系アメリカ人がもっと座席が必要な場合，(E)アフリカ系アメリカ人は移動しなくてはならなかった。場所がなければ，アフリカ系アメリカ人はバスから出なくてはいけなかった。ローザは1955年12月1日午後6時頃にバスに乗った。彼女はすぐに移動して場所を空けるように言われた。ローザ・パークスは拒否した。警察が彼女を逮捕し，牢屋に入れた。NAACPの彼女の友人たちが，彼女が釈放されるのを支援した。それとともに彼らは彼女の逮捕を差別と闘うシンボルとして利用した。

彼らはバスのボイコットを始めた。モンゴメリーのアフリカ系アメリカ人全体がそれに参加した。ボイコットは381日間，1年以上も続いた！　たくさんの公共バスが数か月間使われずに放置され，バス会社の収入を損ねた。公共バスでの分離を要求する法律が終了すると，ボイコットも止まった。

パークスはデトロイトの東側の集合住宅で，老衰のため2005年10月24日に92歳で亡くなった。

パークスはたくさんの国内の評価を受けた。それには大統領自由勲章，議会名誉黄金勲章，国立彫像ホールの銅像などが含まれる。彼女は隔離政策に反対したりボイコットをしたりした最初の人物ではなかった。しかし彼女の良い評判，正義を求める奮闘，分離政策の終了に成功したことにより，1964年にノーベル平和賞を獲得した。

設問1　alien「非常に異なっている」

設問2　下線部②の直後の文が，下線部②の具体的な説明となっている。アフリカ系アメリカ人は，住む場所や通う学校などが指示された。これは自分が望むように行動できないということである。よって，ア「アフリカ系アメリカ人は自分たちがしたいことを決められなかった」が適切。

重要　設問3　全訳下線部参照。白人系アメリカ人が優遇され，アフリカ系アメリカ人が不利な立場であることから考える。

やや難　設問4　(39)　下線部③の直後の文がその団体の説明となっている。get A from B「BからAを得る」 justice「正義」 built to treat them poorly「彼らをひどく扱うために作られた」が law「法律」を後ろから修飾する。　(40)　第3段落第5，6文参照。move and make space「移動して場所を空ける」は，白人に席を譲ることを表している。

やや難　設問5　(41)「1950年代のアメリカの隔離政策下では，アフリカ系アメリカ人は何を指示されたか。文章中に書かれている2つのことを書きなさい」　第1段落第3文参照。They were told「彼らは指示された」と書き出し，続けて where they could live, where they could eat, where they could go to school, where they could be buried の中から2つを書けばよい。　(42)「ローザ・パークスとNAACPは彼女が釈放されてから何をしたか」「彼らはバスのボイコットを始めた」第4段落第1文参照。

やや難　設問6　(43)　(例)　She refused to give her seat to a white American on the bus and showed it was unfair. I think it took great courage under segregation in 1950's America.「彼女はバスで白人に席を譲ることを拒み，それが不公平であることを示した。それは1950年代のアメリカの隔離政策下では非常に勇気がいることだったと思う」

★ワンポイントアドバイス★

Fの長文読解問題はアメリカの公民権運動の象徴である，ローザ・パークスを紹介した文章。アフリカ系アメリカ人に対する隔離政策(人種差別)について，ある程度知識があることが望ましい。

＜国語解答＞

一　1　更新　2　捕獲　3　弾力　4　焦点　5　粋　6　慌てる　7　ぜんぷく　8　ようご

二　問1　a　ア　b　イ　c　ウ　問2　公平さのバランスを擬似的に回復するため。
問3　それぞれの人にとって価値のあるものを交換しあうことで，双方が満足を得られるようにしてゆくこと。　問4　ア　○　イ　×　ウ　×　エ　○　問5　ウ
問6　イ　問7　(政治家)　国民の負担を自分の功績に変えられること。　(納税者)　再分配が失敗しても，自分の責任ではないと考えられること。　問8　2
問9　Ⅰ　必要性の審査や違反者の監視に膨大な手間やコストがかかる上，どのような人を優先すべきか決めるのは難しい。　Ⅱ　お金がなければ，必要としていても我慢するしかない。
問10　A　エ　B　イ　C　ア　D　オ　問11　イ　問12　うしろめたさ
問13　ウ　問14　(例)　資料Ⅱによると，譲るべき相手かどうか判断がつかなかったため

に優先席を譲らなかったと回答した人が41.2％いる。このことから，援助の必要を示すためのヘルプマークが十分に利用されていないと考えられる。そこで資料Ⅰの交通事業者による広報活動やメディアでの広報活動という案を生かし，鉄道会社と協力して駅にポスターを貼ったりSNSで発信したりすることで，ヘルプマークの利用と人々の理解を促したい。

三　①　ク　②　エ　③　イ　④　ア　⑤　ウ　⑥　ケ　⑦　コ　⑧　ア
⑨　オ　⑩　カ

○推定配点○

一　各2点×8　二　問1・問4・問6・問8・問10～問12　各2点×15　問14　10点
他　各3点×8　三　各2点×10　計100点

＜国語解説＞

一 （漢字の読み書き）

1「更」を使った熟語はほかに「更衣」「更迭」など。訓読みは「さら」「ふ(かす)」「ふ(ける)」。2「獲」を使った熟語はほかに「獲得」「漁獲」など。訓読みは「え(る)」。3「弾」を使った熟語はほかに「弾圧」「弾劾」など。訓読みは「たま」「はず(む)」「ひ(く)」「はじ(く)」。4「焦」を使った熟語はほかに「焦燥」「焦土」など。訓読みは「あ(せる)」「こ(がす)」「こ(がれる)」「こ(げる)」。5「粋」には，気が利いている，すぐれている，などの意味がある。「粋」を使った熟語はほかに「純粋」「抜粋」など。訓読みは「いき」。6「慌」の訓読みはほかに「あわ(ただしい)」。音読みは「コウ」。熟語は「恐慌」など。7「全幅」は，はばいっぱい。ありったけ，すっかり，という意味。「幅」を使った熟語はほかに「幅員」「増幅」など。訓読みは「はば」。8「擁」を使った熟語はほかに「擁立」「抱擁」など。

二 （論説文－語句の意味，文脈把握，内容吟味，対義語，脱文・脱語補充，接続語，要旨，資料）

問1　a「境遇(きょうぐう)」は，生きて行く上での立場や環境，という意味なので，アが適切。
b「度外視(どがいし)」は，問題にしないこと，無視すること，という意味なので，イが適切。
c「一概(いちがい)に」は，細かいちがいを無視して，一様に，という意味なので，ウが適切。

やや難　問2　直前に「境遇の格差は，能力に差があるからだ。努力した結果なのだから，格差が生じても仕方ない。……それはその国の責任だ。日本人は日本のことだけを考えればよい」と言い換えられており，このようにする理由については，「では……」で始まる段落に「公平さのバランスを取り戻すためには，どんな手段があるのか？　……もともと偏りがなかったことにしてしまえば，擬似的にバランスを回復できる」と説明されているので，「公平さのバランスを擬似的に回復するため」などとする。

やや難　問3　同段落冒頭に「市場での交換」とあり，直前に「モノの価値は，人によって異なる。……同じ額のお金があっても，人によって本を買うのか，服を買うのか，映画を観に行くのか，違う。違う価値のものが交換され，双方が満足を得る」と説明されていることから，「双方が満足を得る」ための「交換」を「必要性をみたす最適値」と表現していることがわかるので，この内容を要約する。

問4　「贈与」については，具体例として「バレンタインデーのチョコレート」「お中元やお歳暮」が挙げられ，「贈与は，相手の必要性や欲求を満たすためのものではない。感謝や愛情といった感情を表現し，相手との関係を築くためのコミュニケーションだ」と説明されているので，「相手との関係を築くコミュニケーション」にあてはまるア，「感謝や愛情といった感情を表現」にあてはまるエは「贈与」に該当する。イ・ウは「相手の必要性や欲求を満たすためのもの」にあてはまるので，「贈与」に該当しない。

問5　直前に「被災地の実情に合わず，……刻々と変化する現地のニーズに対応する難しさ」とあり，直後に「そばに無料の支援物資がたくさんあるに，なぜ自分でお金を払う商品が求められるのか」とあることに着目する。また，その後には「贈り物を受けとることに選択の余地はない。……ある種の『義務』だ」「誰もが自分の必要に応じて意志決定し，欲求を充足できる。それぞれが限られた資金のなかで必要性の高いものを選択する。……贈与のように人間関係にわずらわされることもない」と説明されているので，ア・イ・エ・オは，理由にあてはまる。「他人の役に立つ」とするウはあてはまらない。

問6「多様性」は，性質の異なるものが幅広く存在すること，という意味なので，対義語としては，性質や方法などがすべて一様で変化がない様子，という意味の「画一的」が適切。

問7「再分配」について，「政治家」のメリットについては，「公共事業の……」で始まる段落に「国にとって再分配が重要なのは，それが国民に負担を国家や政治家の功績に変える仕組みだから。」と説明されており，「納税者」のメリットについては，「同じく……」で始まる段落に「自分が資金の提供者であるという意識を失う。再分配の失敗は，政府の責任であって，自分の責任ではない。」と説明されている。

問8　2の直前に「だから，ちょっと重い」とあり，脱落文の「でも……気軽に使えてしまう」につながる。また，3の直後には「納税者の名前が出されることはない」とあり，脱落文の「最初にお金を出した人の存在がみえない」につながるので，2に補うのが適切。

問9　Ⅰ「電車内での公平さ」における「課題点」について，「国家の対応」については「国家が……」で始まる段落に「優先パスの発行」とあり，「それぞれの必要性を審査したり，違反者を監視する仕組みをつくったり，膨大な手間とコストがかかる」と説明されている。　Ⅱ「市場の対応」については，「市場なら……」で始まる段落に「高い料金設定のチケットを買う仕組みをつくる」とあり，「お金持ちなら，若くて元気でも高いチケットを買うだろうし，身体が不自由でも，お金に困っていれば，安いチケットで我慢するはずだ」と「課題点」が指摘されている。

問10　A　直前に「ある程度までは国が制度をつくって対応しないといけない」とあるのに対し，直後には「……『制度』に頼りすぎるのもよくない」とあるので，逆接を表す「でも」が入る。　B　直後で，「どうしたらいいのか？」と，新たな問題提起をしているので，転換をあらわす「では」が入る。　C　直前の「どうしたらいいか？」という問いに対して，直後で「……すること。……すること。」と具体例を列挙しているので，第一に，最初に，という意味の「まず」が入る。　D　直前の「いろんな理由をつけて……自覚的になること」に，直後の「ぼくらのなかの……状態にすること」を付け加えているので，累加を表す「そして」が入る。

問11　直後に「誰もがなにかしなければ，という気持ちになる」とある。直前の段落に「不均衡」とあり，「人との格差に対してわきあがる『うしろめたさ』という自責の感情は，公平さを取り戻す動きを活性化させる」とあることから，「『うしろめたさ』という自責の感情」から「なにかしなければ，という気持になる」という文脈が読み取れるので，「うしろめたさ」にあてはまるものとして，「圧倒的な格差や不均衡をみせつけられる」とあるイが適切。

問12「快適な部屋で何もしていない自分」は，前述の「人との格差に対してわきあがる『うしろめたさ』という自責の感情」の具体的な表現なので，「うしろめたさ(を感じ)」とするのが適切。

問13　ウは，「市場での交換……」で始まる段落に「贈与は，人と人をつなぐ心温まる行為だが，けっして万能ではない。市場での交換も，もとからある資金(交換財)の偏りは解消できない」とあることと合致する。

やや難 問14　論述のテーマは「必要とする人が優先席を利用しやすくするためにはどうすればよいか」で，「どのような人や団体と協力して」「どのような取り組みを行うことが効果的か」という考えを，具体的な数値を示しながら述べることが求められている。資料Ⅱをみると，「優先席を譲らなかった時の理由」は，自分自身に必要性があった場合を除くと，「譲るべき相手かどうか判断がつかなかったから」という理由が圧倒的に多いことがわかるので，この事実を数値を示してテーマに設定する。また，資料Ⅰには「取り組み案」が列挙されているので，この中から有効と思われる案を選ぶことが必要である。譲るべき相手かどうか判断がつきやすくするためには，どのような団体やメディアの協力が必要で，何をするのが有効か，という点を明確に示してまとめればよい。

三　(品詞)

重要 ①「しかし」は，逆接を表す「接続詞」。　②「自分」は，当の本人，その人自身，という意味の「名詞」。　③「高い」は，終止形が「高い」となる「形容詞」の連体形。　④「選択する」は，「～する」という形のサ行変格活用の「動詞」。　⑤「冷静に」は，終止形が「冷静だ」となる「形容動詞」の連用形。　⑥「ように」は，終止形が「ようだ」となる，例示を意味する「助動詞」の連用形。　⑦「と」は，並立を意味する「(格)助詞」。　⑧「つなぐ」は，終止形が「つなぐ」となり，「が／ぎ／ぐ／ぐ／げ／げ」と活用する五段活用の「動詞」。　⑨「けっして」は，後の「ない」と呼応する「副詞」。　⑩「その」は，直後の「『最適値』」にかかる「連体詞」。

★ワンポイントアドバイス★

本文を精読して文脈を丁寧に追い，言い換え表現や指示内容を的確にとらえる練習をしよう！　資料読み取りの200字程度の論述が出題されるので，資料を使った論述の練習をしておこう！

2023年度

★★★★★★★★★★★★★★★★★★★★★★★

入　試　問　題

2023年度

啓明学園高等学校入試問題

【数　学】（50分）　＜満点：100点＞

[1] 次の問いに答えなさい。

(1) 次の計算をしなさい。

$$-0.25^2 \div \left(-\frac{3}{4^2}\right) - (-1.5)^2 \times \left(-\frac{2}{3}\right)^3$$

(2) 次の計算をしなさい。

$(2a - b)(-2a - b) - (a - 2b)^2$

(3) 次の計算をしなさい。

$-\sqrt{20} \div 2\sqrt{3} \times \sqrt{5} - (1 - \sqrt{3})^2$

(4) 次の計算をしなさい。

$$\frac{2x - 5y}{6} - \frac{7x - 2y}{9}$$

(5) 次の式を因数分解しなさい。

$2(x^2 - 3x - 4) - x(x + 1)$

[2] 次の問いに答えなさい。

(1) y は x に反比例しており，グラフは点（2，6）を通る。
この関数について，x が－3から－1まで増加するときの変化の割合を求めなさい。

(2) 2つの自然数 x，y がある。x は y より5小さい。また，x の4倍を y でわると，商は2で余りも2である。x，y の値を求めなさい。

(3) n は正の整数とする。$\sqrt{49 - 3n}$ が正の整数になるとき，n の値をすべて求めなさい。

(4) 右の図のような長方形を直線 ℓ を軸として1回転させてできる立体の体積を求めなさい。

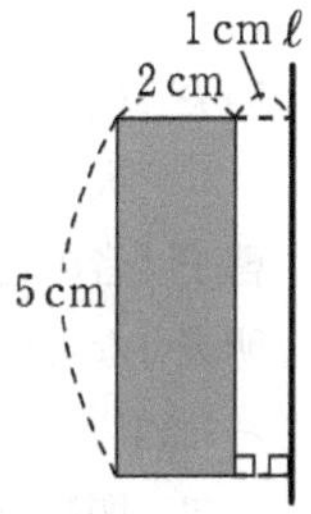

(5) 表（次のページ）は，ある中学校のサッカー部で50m走のタイムを測定したときの記録をまとめたものである。[ア] にあてはまる数を答えなさい。

階級（秒）	度数（人）	相対度数
以上　未満		
6.0～6.5	1	?
6.5～7.0	?	0.10
7.0～7.5	5	0.25
7.5～8.0	7	[ア]
8.0～8.5	?	?
8.5～9.0	2	?

[3] 次の啓子さんと明夫くんの会話を読み，[　　] にあてはまるものを答えなさい。
ただし，[②] には，下の語群から適当なものを選び，記号で答えなさい。

啓子「昨日の午後の雷はすごかったわね。」

明夫「僕の家のすぐそばにも雷が落ちたよ。」

啓子「日中は真夏日の気温だったようだけど，落雷中にずいぶん気温も下がったわね。」

明夫「そういえば理科の授業中に先生が，『音が空気中を伝わる速さは，そのときの気温によって変化します。』って言ってたよね。」

啓子「そうそう，『気温が x℃のとき，音が空気中を伝わる速さを y m / 秒とすると，x と y の間にはおよそ

$$y = 0.6x + 331.5$$

という関係が成り立つことが知られています。』って言ってたわ。」

明夫「気温が 0℃のときの音の速さは毎秒何mかな。」

啓子「毎秒 [①] mになるわ。」

明夫「気温と，そのときの音の速さから気温が 0℃のときの音の速さを引いた値は [②] といえるね。」

啓子「そうだね。」

明夫「じゃあ，気温が30℃のとき，4秒間に音が進む距離は何mだろう。」

啓子「計算すると [③] mになるわ。」

明夫「僕の家から2061m離れたビルに雷が落ちたのが見えてから6秒後にとても大きな雷鳴がしたんだよ。その時の気温は何度だったんだろう。」

啓子「音の速さは [④] m／秒よね。」

明夫「なるほど，その時の気温は [⑤] ℃だったんだね。」

語群

ア　関数ではない　　イ　比例する　　ウ　反比例する　　エ　比例も反比例もしない

[4] 次のページの図のように，2辺の長さがそれぞれ5㎝と9㎝の長方形ABCDがある。辺AB上にBE＝3㎝となる点Eをとり，頂点CがEと重なるように折ったときの折れ線をPQ，頂点Dが移った点をFとする。また，EFとAQの交点をGとする。
次のページの問いに答えなさい。

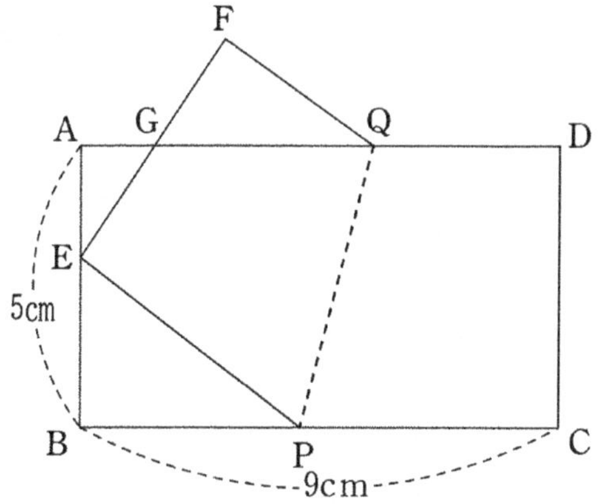

⑴　BPの長さを求めなさい。

⑵　AG：GQ：QDの比を，できるだけ簡単な整数比で表しなさい。

⑶　四角形EPQGの面積を求めなさい。

5　右の図は放物線$y = ax^2$（$a < 0$）…①と直線$y = bx + c$…②のグラフである。①と②の交点をA，Dとし，四角形ABCDが平行四辺形となるように点B，Cをとる。点C，D，Eの座標はそれぞれ点C（0，－7），点D（3，－3），点E（0，－1）である。次の問いに答えなさい。

⑴　bの値を求めなさい。

⑵　点Aの座標を求めなさい。

⑶　平行四辺形ABCDの面積を求めなさい。

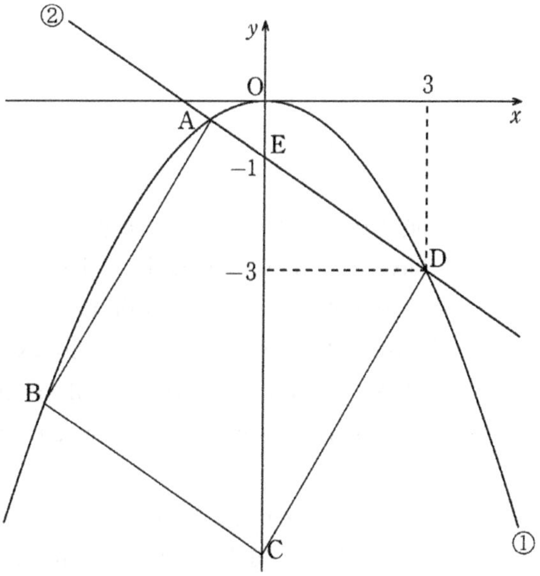

6　正五角形ABCDEがあり，頂点A，B，C，D，Eは時計回りに配置されている。

点Pがあり，点Pは頂点Aを出発して，正五角形の辺にそって時計回りに頂点から頂点へ与えられた数だけ1つずつ移動する。たとえば，与えられた数が3ならば頂点Dへ移動する。与えられた数が7ならば頂点Cへ移動する。

与えられた数を，1個のさいころを2回投げて出た目の積とするとき，次の問いに答えなさい。

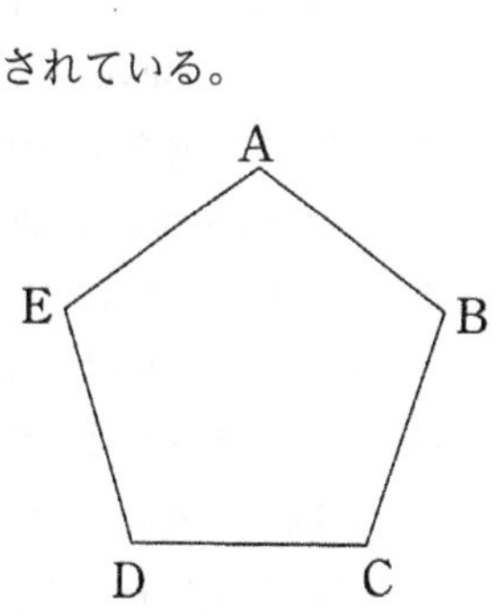

⑴　点Pが点Aに移動する確率を求めなさい。

⑵　点Pが点Bに移動する確率を求めなさい。

【英　語】（50分）　＜満点：100点＞　　※リスニングテストの音声は弊社HPにアクセスの上，音声データをダウンロードしてご利用ください。

A　リスニングテスト（この問題にはCDプレーヤーが使用されます）

Part Ⅰ．英文と質問は２度繰り返します。

(1)　ア．It's cloudy.　イ．It's sunny.　ウ．It's snowing.

(2)　ア．Because it will be very cold.
　　イ．Because it will be snowing.
　　ウ．Because it will be a pretty good day.

(3)　ア．On Wednesday.　イ．On Thursday.　ウ．On Friday.

(4)　ア．It takes two days.
　　イ．It takes one night.
　　ウ．It takes one day.

(5)　ア．We can enjoy winter sports from next week.
　　イ．Mt. Grouse is good for hiking.
　　ウ．It will be very cold.

Part Ⅱ．

(6)～(10)　英文と質問は２度繰り返します。

B　次の英文の（　）内から適切な語句を選び，記号で答えなさい。

(11)　I have（ ア have　イ had　ウ having ）my dog for ten years.

(12)　It will not（ ア rain　イ raining　ウ rainy ）tonight.

(13)　He is（ ア a　イ the　ウ an ）honest boy.

(14)　（ ア All　イ Each　ウ Both ）of us has a bicycle.

(15)　The boy is standing（ ア between　イ above　ウ along ）Tom and Meg.

C　次の日本文の意味を表すように，（　）内の語句を正しい順番に並べかえなさい。ただし，不要な語が１つあります。また，文頭にくる語も小文字にしてあります。

(16)　あなたにあげたい本があります。
　　(you / have / book / a / I / any / to / give / I / want).

(17)　彼が次に何をするか気になる。
　　(wondering / do / what / am / I / will / next / he / doing).

(18)　車を持っていればなぁ。
　　(a / I / had / car / wish / I / have).

(19)　なぜ彼が学校に来なかったのか私たちは知りません。
　　(he / come / wonder / why / we / don't / know / didn't) to school.

(20)　このお城は石でできています。
　　(stone / this / made / in / castle / is / of).

D 次のテーマについてあなたの意見を英語で述べなさい。使用する単語数は40語以内とします。ただし，カンマ，ピリオド等は数には入れません。

(21) Do you like remote lessons? Why? Why not?

E 次の対話文を読み，あとの設問に答えなさい。

Student A and B are talking about going on a trip by car. Read the following conversation and answer the questions.

A：Hey! Are you free on March 20th? Why don't we go for a drive?

B：Sounds fun. ①I'm not as good at driving as you are, though.

A：No problem! You were a good driver when we went on a trip to Hokkaido before.

B：Really? Okay, but... so where are we going this time? I have an important lesson the next day, so I hope it's not too far away.

A：Don't worry. Let's visit an old Japanese castle in Niigata. It takes just two hours to get there. Have you ever seen an old Japanese castle?

B：A Japanese castle? [(A)] What is the name of the castle?

A：The castle is called Shibata Castle, and it is very big and *splendid. The castle has eleven towers and five gates, and it is also called "Ayame Castle".

B：Ayame? I know it! It's a girl's name, right?

A：It certainly sounds like a girl's name. But Ayame actually is the *iris flower.

B：Iris! [(B)] Why is the castle called by that name?

A：The name comes from the fact that there was a river flowing around the castle and many irises were in bloom.

B：I see.

A：Moreover, the castle has statues of three fish-like creatures called Shachihoko on the roof.

B：Wow! Very nice. What else is there?

A：There are many fashionable restaurants, cafes, and shops near the castle. So yo can take a walk while looking at the castle, which is great.

B：I'm looking forward to it! [(C)]

A：Well then, let's leave here at 9:00 in the morning. It takes 2 hours to reach the castle. Let's do some window shopping first.

B：Umm, I don't have time to eat breakfast that morning because I'm preparing for the next day's lesson, so let's eat lunch first.

A：All right. Let's tour the castle after that.

B：Okay.

A：Come to think of it, the park around the castle has a lot of cherry blossoms in spring.

B：Well then, I want to see the cherry blossoms, so let's go in April instead.
A：Okay.　Let's do it!

*splendid　素晴らしい　　*iris　アイリス（アヤメ科の植物）

設問１．下線部①の意味に最も近い文をア～エから１つ選び，解答欄(22)に記入しなさい。

ア．Student B can drive better than Student A.
イ．Student B can't drive better than Student A.
ウ．Student B is as good a driver as Student A.
エ．Student B and Student A are not good drivers.

設問２．会話の流れを考え，(A) (B) (C) に入る最も適当な文をア～オからそれぞれ選び，解答欄(23)～(25)に記入しなさい。

ア．I've never seen it before.
イ．It is fantastic!
ウ．What a beautiful name!
エ．I'm hungry, so let's go for lunch.
オ．I also want to go shopping.

設問３．Shibata Castle について正しいものをア～エから１つ選び，解答欄(26)に記入しなさい。

ア．Ayame is a girl's name.
イ．Statues of fish-like creatures are on the roof.
ウ．There are restaurants and bars around the castle.
エ．The castle has ten towers and five gates.

設問４．次の質問に日本語で答え，解答欄(27)と(28)に記入しなさい。

(27)　なぜ学生Bは遠くに行きたくないのか。
(28)　なぜ学生Bはお昼ご飯を先に食べたいのか。

設問５．以下の質問に英語で答え，解答欄(29)と(30)に記入しなさい。

(29)　Where did the castle's name come from?
(30)　Why is walking in the park good?

設問６．本文の内容と一致しないものをア～エから１つ選び，解答欄(31)に記入しなさい。

ア．They will go for a drive on March 20th.
イ．They have traveled to Hokkaido before.
ウ．They are going to visit the castle after lunch.
エ．The castle is not very far.

F　次の英文を読み，あとの設問に答えなさい。

①To protect *wilderness for people to enjoy the *rugged beauty of the United States while protecting the *landscape, plants, and animals for future generations sounds like a modern idea, right? But it's not. More than 140 years ago, the United States created the world's first national park.

In 1872, *the U.S. Congress decided to protect 3,400 square *miles (8,805 square kilometers) of land in Idaho, Montana, and *Wyoming to set up *Yellowstone National

Park. The idea of a national park might have started several years earlier. In 1864, Congress gave *Yosemite Valley to the state of California to help protect the beautiful land. Later that area became part of the larger Yosemite National Park.

However, by creating ②these parks, the U.S. government took away land from Native American people who had lived there for thousands of years. For example, once Yellowstone National Park was created, the *Shoshone (shoh-SHOH-nee) people could no longer hunt on their homeland. And to create Yosemite National Park, members of the *Miwok (MEE-wuk) tribe were attacked and taken out of their land.

Some Native Americans *suggest that to make things right, tribes should take care of the parks instead of the government taking care of them, while still allowing visitors to enjoy the land.

③That *includes, riding horses, biking, skiing, hiking, climbing, camping, relaxing in hot springs, getting close to *volcanoes, and so much more in the 401 national park areas. About 60 percent of the parks include important historical sites like *battlefields, memorials, and historical homes, as well as the things related to *continent's prehistory: very old houses, *petroglyphs, and *pictographs from earlier cultures.

Since Yellowstone's creation, ④the *role of the national parks has grown and changed, just as the United States has grown and changed. Better scientific understanding of protecting wildlife, native plants, and natural *resources has *strengthened national parks' *commitment to their educational role.

*wilderness　手つかずの自然　*rugged　ゴツゴツした　*landscape　景色，地形
* the U.S. Congress　アメリカ連邦議会　*mile　マイル（広さの単位）
*Wyoming　アメリカのワイオミング州　*Yellowstone National Park　イエローストーン国立公園
*Yosemite Valley　ヨセミテ渓谷　*Shoshone　ショショーニ族　*Miwok tribe　ミウォク族
*suggest　提案する　*include　含む　*volcano　火山　*battlefield　戦場
*continent's prehistory　大陸の前史　*petroglyph　岩面彫刻　*pictograph　象形文字
*role　役割　*resource　資源　*strengthen　強化する　*commitment　責任

<出典：National Parks. *National Geographic Kids.* Retrieved from https://kids.nationalgeographic.com/history/article/history-of-the-national-parks 一部改変>

設問１．下線部①のような場所を本文から抜き出し，解答欄(32)に記入しなさい。

設問２．以下の質問に英語で答え，解答欄(33)と(34)に記入しなさい。

(33) Which was the first national park, Yosemite National Park or Yellowstone National Park?

(34) What did Yosemite Valley become later?

設問３．以下の質問に日本語で答え，解答欄(35)と(36)に記入しなさい。

(35) アメリカ政府は下線部②を作るためにネイティブアメリカンに対し，何をしたか。

(36) 上記問題(35)の結果，ショショーニ族は何が出来なくなったか。

設問４．下線部③の内容を説明した下の文の（　）に入る語を日本語で答え，解答欄(37)～(40)に記入しなさい。

一部の（　37　）は，（　38　）ではなく部族が公園を（　39　）し，（　40　）が土地を楽しむことができるようにすべきだと提案しています。

設問５．下線部④の具体的な内容を日本語で答え，解答欄(41)に記入しなさい。

設問６．以下の各文が本文の内容に合っていればT，間違っていればFと解答欄(42)～(46)に記入しなさい。

(42) To create the first national park, the U.S. congress decided to protect three states' lands.

(43) The Miwok tribe attacked the government.

(44) Historically important objects are included in every national park.

(45) The role of national parks has changed.

(46) The idea of national parks is a new idea.

三、次の――①～⑩の品詞名を、あとの語群からそれぞれ選んで記号で答えなさい。（同じ選択肢を使用してもよい）

近年、高校や大学で、インターネット上の記事をそのままコピーしてレポートを作成してしまう学生のことが①よく問題になります。②また、単純な「切り貼り」ではないにせよ、文章作成のデータを集めるのに図書館では③なくインターネットを活用する人は激増しています。報道の仕事に関わる人が、④十分な取材なしにネット情報を⑤利用して誤報を引き起こしてしまっ⑥た例もあります。

情報収集にインターネット検索が頻繁に活用されるのは、図書館での調べものや現地取材に出かける⑦よりも、⑧そのほうがずっと手軽だからです。⑨これを好ましから⑩ぬ傾向と見る人々は、レポート作成でネット情報を利用するのを禁止すべきと考えるかもしれません。

【語群】

ア　動詞　　イ　形容詞　　ウ　形容動詞　　エ　名詞

オ　副詞　　カ　連体詞　　キ　感動詞　　ク　接続詞

ケ　助動詞　　コ　助詞

表1:
あなたにとって、新型コロナウィルスに関して情報を知りたいと思った際に利用する情報源やメディア・サービスはどれですか。当てはまるものを全て選択してください。

(%)	政府（内閣官房・厚生労働省・地方自治体等）のウェブサイトや情報配信	世界保健機関（WHO）や専門機関のウェブサイトや情報発信	NHK（テレビ・ラジオ・ウェブサイト等）	民間放送（テレビ・ラジオ・ウェブサイト等）	新聞（紙面・ウェブサイト等）	ニュース系アプリ・サイト	SNS	動画系アプリ・サイト
15〜19歳	36.5	15.8	33.3	47.2	15.6	55.8	34.5	15.7
30〜39歳	39.3	10.8	37.3	47.8	23.0	68.1	19.4	5.9
60〜69歳	24.8	7.7	66.8	69.9	49.3	67.3	5.0	5.2

表2:
あなたにとって、新型コロナウィルスに関する情報について、以下の情報源やメディア・サービスをどれほど信用していますか。特に信用できる情報源やメディア・サービスをすべて選択してください。

(%)	政府（内閣官房・厚生労働省・地方自治体等）	世界保健機関（WHO）や専門機関	NHK	民間放送	新聞社	ニュース系アプリ・サイト	SNS	動画系アプリ・サイト
15〜19歳	54.3	30.7	41.8	34.6	19.6	34.5	15.8	4.4
30〜39歳	43.7	18.8	35.6	29.0	18.3	36.2	8.8	3.5
60〜69歳	34.2	12.7	60.2	52.2	39.5	38.0	3.0	4.2

表3:
新型コロナウィルスに関する情報を見かけて、その情報が怪しいと思って真偽を調べた場合、情報の真偽をどのようにして確かめましたか。当てはまるものをすべて選択してください。

(%)	政府（内閣官房・厚生労働省・地方自治体等）による情報を確認した	世界保健機関（WHO）や専門機関による情報を確認した	テレビ放送局による報道を確認した	新聞社による報道を確認した	検索サービス（Googleなど）を利用して検索し、その情報について他にどのような意見や反応があるか調べた	SNS内で検索して、その情報について他にどのような意見や反応があるか調べた
15〜19歳	30.2	15.2	45.9	11.1	16.6	25.1
30〜39歳	26.8	11.6	37.4	12.0	35.1	17.4
60〜69歳	13.2	1.2	45.0	21.2	41.3	4.4

「新型コロナウィルス感染症に関する情報流通調査」
総務省 総合通信基盤局 電気通信事業部 消費者行政第二課 （2020 年 6 月）より抜粋して引用

筆者はどのように考えているか。説明しなさい。

問3　――②「単に『便利になった』というだけでは済まされない違いがある」とあるが、どのような点で違うのか。本文中より六字以内で二点抜き出しなさい。

問4　[I] に当てはまることばを、本文中から抜き出しなさい。

問5　――③「このこと」が指す箇所を、「～ということ」に続く形で抜き出し、最初と最後の五字を答えなさい。

問6　――④「権威主義」とあるが、この本文では、どのような状態であることを表現しているのか。次の中から最も適当なものを一つ選んで記号で答えなさい。

ア　知識を作ることの意義が、それぞれの分野で定評を受けるためのものにゆがめられている状態。

イ　社会的な評価を受けている特定の個人が、ある知識に関する責任を負っていると考えられている状態。

ウ　インターネットから得る知識が、多くの人物によって作られるのだという発想が広まっている状態。

エ　図書館の本に書かれている知識が、その時代の権力をもっている人物によって独占され管理されている状態。

オ　知識は、特定の人物だけが知っているもので、多くの庶民は知っている必要のないものと認識されている状態。

問7　――⑤「知識の幹と枝の関係」とあるが、どのような関係のことか。説明しなさい。

問8　――⑥「一瞬でりんごの実が手に入る魔法」とあるが、インターネット検索システムのどのような特徴をたとえたものか。五十字以内で説明しなさい。

問9　――⑦「私たちはいま、コペルニクスと似た時代を生きています」とあるが、どのような点が似ているのか。説明しなさい。

問10　本文の内容として最も適当なものを次の中から一つ選んで記号で答えなさい。

ア　インターネットの情報を引用するのは、図書館の本や事典の情報を引用することに比べて非常に好ましくない。

イ　インターネットによって、知識が不特定多数の人々によって作られるようになると、誤った知識が広まるためよくない。

ウ　情報を手に入れることが容易になったのは、インターネットによって体系的な知識を調べられるようになったからだ。

エ　「著作権」の制度は、印刷技術の発達によって、それまであいまいだった知識の作り手が明確化するのと並行して発達した。

オ　大量の情報がインターネットにあふれている社会で生きていくためには、自ら体系的に情報を発信していくことが必要だ。

問11　空欄 [A]・[B]・[C] に当てはまる語句として最も適当なものを、次の選択肢からそれぞれ選び、記号で答えなさい。

ア　しかし　　イ　あるいは　　ウ　つまり　　エ　たとえば

問12　波線部「十分な取材なしにネット情報を利用して誤報を引き起こしてしまった例もあります」とあるが、次のページの資料は情報の収集方法や信頼度についてまとめたものである。二つ以上の表を関連付けた上で、任意の年代を一つ選び、その年代の情報の利用方法について良い点と悪い点を、具体的数値などを挙げながら、二百字程度で説明しなさい。

も思えてきます。それでは私たちは、インターネットを使うのをやめて本と図書館に戻ればいいのでしょうか。

実は、そんなことはすでに不可能です。多くの情報がインターネットに依存している今日、ネット情報を拒否するだけでは何も始まりません。すでにインターネット上の百科事典について触れたように、インターネットは、著名な大学者でも無名の学生でも同じように知識の作り手としてしまう傾向をもちます。しかし、知識の構築には体系性、つまり異なる概念が相互に結びついて体系をなすことが不可欠です。知識とは単なる情報の集まりではなく、世界を理解する体系的な枠組みを含んでいるのです。知識が新しくなるということは、この枠組みの変化により、さまざまな情報についての理解の方式が新しくなっていくことです。

歴史上で起きたこうした知識の革新の1つに、天動説から地動説への転換があります。コペルニクスが地動説を唱えたとき、彼は何らかの重大な天文学的な発見を手にしていたのではありません。しかし16世紀初頭は、およそ半世紀前に発明された活版印刷術によって多数の印刷本が出回り始めた時代でした。そのためコペルニクスは、それまでの天文学者よりもずっと多くの観測記録を手元に集めることができたのです。彼は、そうやって集めた過去の記録をもとに、天動説でそれらを解釈する際の矛盾を発見し、すべてをより c整合的に説明するための新しい理解の枠組みを提案したのです。

⑦私たちはいま、コペルニクスと似た時代を生きています。かつては印刷本により科学者たちが入手できる情報量が激増したのですが、今日の主役はインターネットです。あふれんばかりの情報の海でサイトからサイトへと移動を重ねることで、私たちはコペルニクスよりもずっと手軽に大量の情報をかき集めています。つまり、今日では一部の科学者だけでなく、世界中のアマチュアが、時には専門家顔負けの情報を手にし始めているのです。

（吉見俊哉『現代文化論―新しい人文知とは何か』有斐閣）

問1　＝＝＝a・b・cの意味として最も適当なものをそれぞれ選び記号で答えなさい。

a「逸脱」
ア　社会的に間違っていること
イ　多くの人が同じ方向を向いていること
ウ　本筋ではないが優れている傾向
エ　本来の意味や目的からはずれること

b「把握」
ア　しっかりと理解すること
イ　正確にまとめること
ウ　手に入れること
エ　簡潔に説明すること

c「整合」
ア　新しい形に整えること
イ　ずれや矛盾がないこと
ウ　矛盾がないよう調整すること
エ　自分の意見にあっていること

問2　――①「文章作成のデータを集めるのに図書館ではなくインターネットを活用する人は激増しています」とあるが、その理由について、

トは、そこに書かれていることが誰か特定の個人のものだという観念を弱め、知識は「みんな」で作るものだという発想を強めていくのです。

③このことは、インターネットが可能にする文化世界の可能性と困難を示しています。いまや知識は④権威主義から解放され、誰もが自由に参加して書き換えていくことができるかのようです。しかし、どんな知識も「みんなのもの」となってしまうと、その向こう側にいる特定の書き手に行き着かない。［C］その知識の責任が誰にあるのかがあいまいになります。本の内容が間違っていたら、責任は作者にあります。しかし、ネット上で書かれていることが間違っていたとき、その責任は誰にあるのでしょうか。

もっともこの違いから、私たちの知識がそもそも図書館の本のようで、インターネットのように「みんな」で知識を作るのはごく最近のa逸脱なのだと考えてしまうのは誤りです。事実はむしろ逆、つまり図書館の本のように知識の作り手が誰であるかがはっきりするようになったのこそ、ここ数百年のことなのです。15世紀半ばに発明された活版印刷が普及し、自分の著作を出版することが知的活動の根本をなすようになった17世紀以降、「作者」の観念や「著作権」の制度が発達します。知識の作り手は、このような観念や制度の普及を通じて確立されたのです。

もう1つ、図書館の本とインターネットの情報の間には、知識の体系性という観点からの違いもあります。知識は、ばらばらにある情報やデータの集まりなのではありません。知識とは、概念の内容や事象の記述が相互に結びつき、体系をなしている状態のことです。当然、そこには中心となる知識と派生的な知識、つまり事の軽重があります。中世ヨーロッパでは、知識は樹木に喩《たと》えられていました。知識には幹の部分と枝葉の部分があり、相互に結びついているのです。

たとえば、百科事典の編集で最も重視されるのが、この幹と枝の関係です。事典の編者たちは、ある事項が他の事項に比べてどのくらい重要か、どの事項とどの事項がどんな関係にあるのかを繰り返し議論をします。百科事典を使い、さらに図書館でさまざまな本を借り出してある事項について学ぶとき、私たちはやがて、個々の言葉の意味だけでなく、絡まり合う概念の関係を構造的にb把握できるようになります。

ところが、インターネット上の検索システムは、こうした構造的な結びつきなどお構いなしに、私たちを一気に探している事項の情報に連れていきます。⑤知識の幹と枝の関係など何もわからなくても、私たちは知りたい事項の詳しい情報を得ることができるようになったのです。これは、森のなかでりんごの木がどの木で、その実がどの枝についているのか知らなくても、⑥一瞬でりんごの実が手に入る魔法のようなもので、実に便利ですが、私たちは最後まで自分がどんな森を歩いているのかを知らないままです。GPSのナビゲーションに従って車を運転していても、なかなか道を覚えないのによく似ています。人々はネット検索で瞬時にして次々に必要な情報を手に入れることで、緩やかに形成される体系としての知識を見失っているのかもしれません。

こう考えてくると、インターネットには、知識の責任や体系性という面で、簡単には図書館にとって代わることのできない限界があるように

【国　語】（五〇分）〈満点：一〇〇点〉

一、＝＝＝１～８のひらがなは漢字に、漢字はひらがなに直しなさい。
（送りがなも書くこと）

1　この港には多くの船がていはくしている。
2　この雑誌にはおもしろい話がまんさいだ。
3　墨のうたんを使い分ける。
4　叔父がとつじょ我が家に現れた。
5　工場はわんがん地帯に集まっている。
6　職人はネックレスに細かな加工をほどこす。
7　卵を出荷するためにニワトリを殖やす。
8　この仕事には危険が伴う。

二、次の文章を読んで後の問に答えなさい。

　近年、高校や大学で、インターネット上の記事をそのままコピーしてレポートを作成してしまう学生のことがよく問題になります。また、単純な「切り貼り」ではないにせよ、①文章作成のデータを集めるのに図書館ではなくインターネットを活用する人は激増しています。報道の仕事に関わる人が、十分な取材なしにネット情報を利用して誤報を引き起こしてしまった例もあります。

　情報収集にインターネット検索が頻繁に活用されるのは、図書館での調べものや現地取材に出かけるよりも、そのほうがずっと手軽だからです。これを好ましからぬ傾向と見る人々は、レポート作成でネット情報を利用するのを禁止すべきと考えるかもしれません。

　他方、こんなふうに考える人もいるでしょう。いったいネット検索と図書館の調べものとどこが違うのか。図書館の本や事典の情報を引用するのなら、ネットからコピーをするのと同じではないか。昔からどんな引用もなしに文章を書くことは稀《まれ》だったのだから、かつて多くの人が図書館でしていたことを、いまではネットでするようになっただけではないか、と。

　確かにこの2つの調べもののスタイルはよく似ています。図書館の机に本を何冊も積み、あちこちの本から引用してレポートを書くのは、インターネットのあちこちからの引用を並べてレポートにすることと大差ないのかもしれません。しかし、知識のあり方として見た場合、この2つの方法には、②単に「便利になった」というだけでは済まされない違いがあるのです。

　まず、図書館に入っている本は、誰でも自由に出版できるものではありません。それぞれの分野で定評のある、[A]定評を得ようとしている作者が、自分の書き手としての社会的な評価を懸けて出版したものです。たとえ間違いがあったとしても、その責任の所在ははっきり特定の作者にあるわけで、作者はできるだけ間違いがないように心がけています。これに対してインターネットでは、知識の作り手が[Ⅰ]化されがちです。図書館の本が「誰かの知識」であるのに対し、ネット検索でヒットするのは「みんなの知識」となりやすいのです。もちろん、ネット情報は常に匿名ではなく、多くの場合、何らかのハンドルネームをもつ作者によって書かれています。[B]、ネット上の名前と現実世界の特定の個人が常に対応するわけではありません。むしろインターネッ

2023年度

解　答　と　解　説

《2023年度の配点は解答欄に掲載してあります。》

＜数学解答＞

1　(1)　1　(2)　$-5a^2-3b^2+4ab$　(3)　$\frac{\sqrt{3}}{3}-4$　(4)　$\frac{-8x-11y}{18}$
(5)　$(x-8)(x+1)$

2　(1)　-4　(2)　$x=6$，$y=11$　(3)　$n=8$，11，15，16　(4)　40π(cm^3)　(5)　0.35

3　①　331.5　②　イ　③　1398　④　343.5　⑤　20

4　(1)　4cm　(2)　9：25：20　(3)　$\frac{50}{3}$cm^2

5　(1)　$b=-\frac{2}{3}$　(2)　$\left(-1,\ -\frac{1}{3}\right)$　(3)　24

6　(1)　$\frac{11}{36}$　(2)　$\frac{7}{36}$

○推定配点○

3　各2点×5　他　各5点×18　計100点

＜数学解説＞

基本　1　(数・式の計算，平方根の計算，因数分解)

(1)　$-0.25^2\div\left(-\frac{3}{4^2}\right)-(-1.5)^2\times\left(-\frac{2}{3}\right)^3=-\left(\frac{1}{4}\right)^2\div\left(-\frac{3}{16}\right)-\left(-\frac{3}{2}\right)^2\times\left(-\frac{8}{27}\right)=-\frac{1}{16}\times\left(-\frac{16}{3}\right)-\frac{9}{4}\times\left(-\frac{8}{27}\right)=\frac{1}{3}+\frac{2}{3}=\frac{3}{3}=1$

(2)　$(2a-b)(-2a-b)-(a-2b)^2=-(2a-b)(2a+b)-(a^2-4ab+4b^2)=-4a^2+b^2-a^2+4ab-4b^2=-5a^2-3b^2+4ab$

(3)　$-\sqrt{20}\div2\sqrt{3}\times\sqrt{5}-(1-\sqrt{3})^2=-2\sqrt{5}\times\frac{1}{2\sqrt{3}}\times\sqrt{5}-(1-2\sqrt{3}+3)=-\frac{5}{\sqrt{3}}+2\sqrt{3}-4=-\frac{5\sqrt{3}}{3}+\frac{6\sqrt{3}}{3}-4=\frac{\sqrt{3}}{3}-4$

(4)　$\frac{2x-5y}{6}-\frac{7x-2y}{9}=\frac{3(2x-5y)-2(7x-2y)}{18}=\frac{6x-15y-14x+4y}{18}=\frac{-8x-11y}{18}$

(5)　$2(x^2-3x-4)-x(x+1)=2(x+1)(x-4)-x(x+1)=\{2(x-4)-x\}(x+1)=(x-8)(x+1)$

2　(比例関数の変化の割合，連立方程式の応用問題，平方根と平方数，回転体の体積，統計)

(1)　$y=\frac{a}{x}$に(2，6)を代入すると，$6=\frac{a}{2}$，$\frac{a}{2}=6$，$a=6\times2=12$　$y=\frac{12}{x}$に$x=-3$，-1を代入すると，$y=\frac{12}{-3}=-4$，$y=\frac{12}{-1}=-12$　よって，求める変化の割合は，$\frac{-12-(-4)}{-1-(-3)}=\frac{-8}{2}=-4$

(2)　仮定より，$x=y-5$…①　$4x=2y+2$　$2x=y+1$…②　②に①を代入すると，$2(y-5)=y+1$　$2y-y=1+10$　$y=11$　①に$y=11$を代入して，$x=11-5=6$

(3)　$\sqrt{49-3n}=k$(kは正の整数)より，$49-3n=k^2$　nは正の整数だから，$3n\geqq3$　よって，$1\leqq k\leqq6$　$k=1$のとき，$49-3n=1$，$3n=48$，$n=16$　$k=2$のとき，$49-3n=4$，$3n=45$，$n=15$　$k=3$のとき，$49-3n=9$，$3n=40$，$n=\frac{40}{3}$　$k=4$のとき，$49-3n=16$，$3n=33$，$n=11$　$k=5$のとき，$49-3n=25$，$3n=24$，$n=8$　$k=6$のとき，$49-3n=36$，$3n=13$，$n=\frac{13}{3}$　nは正の整数なので，$n=8$，11，15，16

(4)　求める立体の体積は，底面が半径3cmの円で高さが5cmの円柱の体積から，底面が1cmの円で高さが5cmの円柱の体積をひいたものだから，$\pi\times3^2\times5-\pi\times1^2\times5=45\pi-5\pi=40\pi$ (cm³)

(5)　7.0秒以上7.5秒未満の階級から，度数の合計は，5÷0.25＝20(人)　　よって，アにあてはまる数は，7÷20＝0.35

3 (1次関数の利用)

①　$y=0.6\times0+331.5=331.5$

②　$y=0.6x+331.5-331.5=0.6x$から，気温と，そのときの音の速さから気温が0℃のときの音の速さを引いた値は比例するといえる。

③　$y=0.6\times30+331.5=349.5$，349.5×4＝1398より，1398m

④　2061÷6＝343.5(m／秒)

⑤　$343.5=0.6x+331.5$，$0.6x=12$，$x=20$より，20℃

4 (平面図形の計量問題－三平方の定理，三角形の相似，面積)

(1)　BP＝$x$cmとおくと，PC＝$9-x$　　PE＝PC＝$9-x$　　△EBPにおいて三平方の定理を用いると，$BE^2+BP^2=PE^2$，$3^2+x^2=(9-x)^2$，$9+x^2=81-18x+x^2$，$18x=72$，$x=4$

重要 (2)　AE＝5－3＝2　　△AEG∽△BPEから，AG：BE＝AE：BP，AG：3＝2：4，AG＝$\frac{3}{2}$　　GQ＝$a$cmとおくと，QD＝$9-\frac{3}{2}-a=\frac{15}{2}-a$，FQ＝QD＝$\frac{15}{2}-a$　　△FQG∽△BPEから，GQ：EP＝FQ：BP，$a:5=\left(\frac{15}{2}-a\right):4$，$4a=\frac{75}{2}-5a$，$9a=\frac{75}{2}$，$a=\frac{75}{2}\times\frac{1}{9}=\frac{25}{6}$　　$\frac{15}{2}-\frac{25}{6}=\frac{45}{6}-\frac{25}{6}=\frac{20}{6}$　　よって，AG：GQ：QD＝$\frac{3}{2}:\frac{25}{6}:\frac{20}{6}$＝9：25：20

(3)　(四角形EPQF)＝(四角形CPQD)＝$\frac{1}{2}\times\left(\frac{10}{3}+5\right)\times5=\frac{125}{6}$　　GF＝GQ×$\frac{3}{5}=\frac{25}{6}\times\frac{3}{5}=\frac{5}{2}$　　△FQG＝$\frac{1}{2}\times\frac{10}{3}\times\frac{5}{2}=\frac{25}{6}$　　(四角形EPQG)＝(四角形EPQF)－△FQG＝$\frac{125}{6}-\frac{25}{6}=\frac{100}{6}=\frac{50}{3}$(cm²)

5 (図形と関数・グラフの融合問題)

基本 (1)　点Eの座標から，②の切片は－1になるので，$c=-1$　　②の式に点Dの座標を代入して，$-3=3b-1$，$3b=-2$，$b=-\frac{2}{3}$

(2)　①に点Dの座標を代入して，$-3=a\times3^2$，$9a=-3$，$a=-\frac{1}{3}$　　①と②からyを消去すると，$-\frac{1}{3}x^2=-\frac{2}{3}x-1$，$-x^2=-2x-3$，$x^2-2x-3=0$，$(x+1)(x-3)=0$，$x=-1$，3　　①に$x=-1$を代入して，$y=-\frac{1}{3}\times(-1)^2=-\frac{1}{3}$　　よって，$A\left(-1,\ -\frac{1}{3}\right)$

重要 (3)　EC＝－1－(－7)＝6　　△ACD＝$\frac{1}{2}\times6\times(1+3)=12$　　(平行四辺形ABCD)＝2△ACD＝2×12＝24

6 (図形と確率の融合問題)

(1)　2回のさいころの目の出かたは全部で，6×6＝36(通り)　　そのうち，点Pが点Aに移動する場合は，出た目の積が5の倍数になるときだから，(1，5)，(2，5)，(3，5)，(4，5)，(5，1)，(5，2)，(5，3)，(5，4)，(5，5)，(5，6)，(6，5)の11通り　　よって，求める確率は$\frac{11}{36}$

重要 (2)　点Pが点Bに移動する場合は，(1，1)，(1，6)，(2，3)，(3，2)，(4，4)，(6，1)，(6，6)の7通り　　よって，求める確率は$\frac{7}{36}$

★ワンポイントアドバイス★

5(3)は，平行四辺形は1本の対角線によって，面積が2等分されることを利用する。よって，△ACDの面積を求めて2倍すればよい。

＜英語解答＞

[A] (1) イ (2) ア (3) イ (4) イ (5) ア
(6) Brand－name shoes(will be up to 20 percent off.) (7) The speaker has to make an appointment. (8) Because he noticed he forgot his key at the office.
(9) In Canada. (10) No, they don't.

[B] (11) イ (12) ア (13) ウ (14) イ (15) ア

[C] (16) I have a book I want to give you. (17) I am wondering what he will do next. (18) I wish I had a car. (19) We don't know why he didn't come
(20) This castle is made of stone.

[D] (21) 解説参照。

[E] (22) イ (23) ア (24) ウ (25) オ (26) イ (27) 次の日に大事な授業があるから。 (28) 朝食を食べる時間がないから。 (29) The fact that there was a river around the castle and many irises were in bloom. (30) Because there are many fashionable restaurants, cafes, and shops near the castle. (31) ア

[F] (32) national park (33) Yellowstone National Park (34) A part of Yosemite National Park (35) 土地を奪った。 (36) 狩りができなくなった。 (37) ネイティブアメリカン (38) 政府 (39) 管理 (40) 訪問者 (41) 手つかずの自然を守るため。 (42) T (43) F (44) F (45) T (46) F

○推定配点○

[A]～[C] 各2点×20 [D] 5点 [E] (29)・(30) 各3点×2 他 各2点×8
[F] (32)～(34) 各3点×3 他 各2点×12 計100点

＜英語解説＞

[A] （聞き取り・書き取り）

Part I.

Good afternoon, I'm Anna from Vancouver Weather Report. Let's look at our weather for today. This morning was cold and cloudy but now it's beautiful outside. Right now, it's 22 degrees. It's sunny and warm. Later tonight it will rain and the temperature will go down to 14 degrees. And a storm is approaching Vancouver this week. Let's look at the weather for this week. Tomorrow, Tuesday, it will be sunny and warm and 20 degrees. Then on Wednesday there will be heavy rain. The temperature will go down to 10 degrees, so please bring your jacket when you go outside. It will be a pretty cold day. On Thursday, there will be a big storm. Please be careful. It will rain a lot and it will be very windy. So, please do not go outside. The temperature will be about 12 degrees. The storm will pass by Vancouver overnight. On Friday, it will be rainy and windy in the morning but cloudy in the afternoon. The temperature will be 13 degrees. On Saturday, it will be sunny after the storm but a little cold. The temperature will be 11 degrees. On Sunday, it will be very cold. The temperature will go down to 5 degrees and it may snow near Mt. Grouse. However, we have good news. Finally, the ski resort on Mt. Grouse will be open from next week.

(1) What is the weather on Monday afternoon?
(2) Why should we take a jacket when we go outside on Wednesday?
(3) When will the storm hit Vancouver?
(4) How long will it take the storm to pass by Vancouver?
(5) What did the reporter say about next week?

Part Ⅰ

こんにちは，バンクーバー天気予報のアンナです。今日の天気を見てみましょう。今朝は寒くて曇っていましたが，今の外は美しく晴れています。現在，22℃です。晴れて暖かいです。今晩は雨が降り，気温は14℃まで下がります。そして今週，嵐がバンクーバーに近づいています。今週の天気を見てみましょう。明日火曜日は晴れて暖かく20℃になるでしょう。そして水曜日には大雨になります。気温は10℃まで下がるので，出かける際は上着をお持ちください。かなり寒い日になるでしょう。木曜日には大荒れになります。注意してください。大雨が降り風がとても強いでしょう。ですから外に出ないでください。気温はおよそ12℃でしょう。嵐は夜のうちにバンクーバーを通り過ぎます。金曜日は午前中は雨で風がありますが，午後は曇りになるでしょう。気温は13℃でしょう。土曜日は嵐の後の晴れですが少し寒いです。気温は11℃でしょう。日曜日は非常に寒くなるでしょう。気温は5℃まで下がり，グラウス山の近くでは雪が降るかもしれません。でも良いニュースがあります。ついにグラウス山のスキー場が来週からオープンします。

(1)　月曜日の午後の天気は何か。
　ア　曇り。　イ　晴れ。　ウ　雪。

(2)　なぜ水曜日に外出する時は上着を持っていったほうがよいのか。
　ア　非常に寒くなるから。
　イ　雪が降るから。
　ウ　かなり良い日になるから。

(3)　いつ嵐はバンクーバーに上陸するか。
　ア　水曜日。　イ　木曜日。　ウ　金曜日。

(4)　嵐がバンクーバーを通り過ぎるのにどのくらい時間がかかるか。
　ア　2日かかる。
　イ　一晩かかる。
　ウ　1日かかる。

(5)　リポーターは来週について何と言ったか。
　ア　来週からウィンタースポーツが楽しめる。
　イ　グラウス山はハイキングに良い。
　ウ　非常に寒くなる。

Part II.

(6) Hello, shoppers. We're having a New Year sale for three days starting January 2nd. The first day, innerwear will be 10 percent off. The second day, brand–name shoes will be up to 20 percent off. The third day, we are having a special discount for outerwear.
Question : What will be discounted on the second day?

(7) My father was in a car accident this morning. I want to visit him, but the hospital said that I can't meet him without an appointment because of COVID-19. So, they told me that I need to make an appointment to visit him first.
Question : What does the speaker have to do to visit the hospital?

(8) Ken had a long meeting last night. It was nearly 10 p.m. when the meeting finished. He left the office at 10 :30 and walked to the station. He arrived at home at 11 :30 p.m. Then he noticed he forgot his key at the office so he had to go back.

Question : Why did Ken have to go back to the office?

(9) One of my friends Marie was born in Japan and moved to Canada after graduating from high school. She stayed there for three years and went to a university. Now she is living in China.

Question : In which country did Marie go to university?

(10) To all students who will take a summer course during summer vacation : A textbook for the course will be given on the first day of the lesson. However, please do not forget to register from the computer in the PC room by July 30th.

Question : Do the students have to buy the textbook?

Part Ⅱ

(6)　こんにちは，お買い物中の皆さま。3日間のニューイヤーセールが1月2日から始まります。初日は下着が10%オフです。2日目はブランドのシューズが最大20%オフです。3日目にはアウターを特別割引いたします。

質問：2日目には何が割引されるか。

(7)　父は今朝，自動車事故に遭った。私はお見舞いに行きたかったが，新型コロナのために面会予約をしないと会えないと病院に言われた。そしてお見舞いをするにはまず予約をする必要があると彼らは言った。

質問：話し手は病院に行くのに何をしなくてはならないか。

(8)　ケンは昨晩，長い会議があった。会議が終わった時，午後10時近かった。彼は10時30分に会社を出て駅まで歩いた。彼は自宅に11時30分に着いた。そして彼は鍵を会社に忘れたことに気が付いたので，戻らなくてはならなかった。

質問：なぜケンは会社に戻らなくてはならなかったのか。

(9)　私の友人のマリーは日本で生まれ，高校卒業後にカナダに引っ越した。彼女はそこに3年間滞在し，大学へ行った。今，彼女は中国に住んでいる。

質問：マリーはどの国で大学へ通ったか。

(10)　夏休み中にサマーコースを受講する全ての生徒たちへ。コース用の教科書が授業初日に配られます。でも，7月30日までにPCルームのパソコンから忘れずに登録してください。

質問：生徒たちは教科書を買う必要があるか。

基本 B　(語句補充・選択：現在完了，助動詞，冠詞，単語，前置詞)

(11)　「私は犬を10年間飼っている」　継続を表す現在完了の文。動詞 have「(ペット)を飼っている」の過去分詞は had なので，現在完了形は have had となる。

(12)　「今晩は雨が降らないだろう」　未来を表す助動詞 will の後ろなので動詞は原形。

(13)　「彼は正直な少年だ」　honest[ɑ́nəst] は母音で始まる語なので，冠詞は an を付ける。

(14)　「私たちは各自，自転車を持っている」　動詞 has が3人称単数形であることに着目する。each「それぞれ，各自」は単数扱いなので適切。

(15)　「その少年はトムとメグの間に立っている」　between A and B「AとBの間に」

C　(語句整序問題：関係代名詞，間接疑問，仮定法，熟語)

(16)　まず I have a book「私は本を持っている」という文を作り，その後ろに I want to give you「あなたにあげたい」という節を続け，book を後ろから修飾する形にする。ここでは

book とI の間に目的格の関係代名詞が省略されている。any が不要。

(17)　まず I am wondering「私は気になっている」という文を作る。日本文では主語「私は」が省略されているが英語では主語が必要である。その後ろに間接疑問で what he will do next「彼が次に何をするか」を続ける。間接疑問の語順は＜疑問詞＋主語＋動詞＞。doing は不要。

(18)　現在の事実に反する願望を表す文は，＜ I wish ＋主語＋動詞の過去形＞「～ならばいいのに」で表す。この場合「私は実際には車を持っていない」という事実がある。have は不要。

(19)　まず We don't know「私たちは知らない」とし，その後ろに間接疑問で why he didn't come (to school)「なぜ彼が学校に来なかったのか」と続ける。wonder は不要。

(20)「～でできている」は　be made of ～ と表す。in が不要。

重要▶ D (英作文)

(21)　テーマは「あなたはリモート授業が好きですか。好きならその理由は？　好きではないならその理由は？」というものである。学校の模範解答は公表されていないが，以下のようなものが考えられる。

(好きな場合)　I like remote lessons because I can take lessons at home. It was really useful during the COVID–19 pandemic. I didn't have to take time to go to school and can use the time for my hobby.「私は家で授業が受けられるのでリモート授業が好きです。新型コロナのパンデミックの時はとても役立ちました。時間をかけて通学しなくてもよいので，その時間を趣味のために使うことができました」

(好きではない場合)　I like regular lessons better than remote lessons. I like meeting my teachers and classmates face-to-face. I want to talk with them in person, do various activities together and have a good time.「私はリモート授業よりも通常の授業のほうが好きです。私は先生方やクラスメートたちに直接会うことが好きです。私は彼らと直接話し，一緒に様々な活動をして楽しみたいです」

E (会話文読解：語句解釈，比較，文補充・選択，内容吟味，英問英答，内容一致)

(全訳)　生徒Aと生徒Bが車で旅行に行くことについて話している。次の会話を読んで後の問いに答えなさい。

A：ねえ！　3月20日は暇？　ドライブに行かない？

B：楽しそう。①でも私はあなたほど運転が上手じゃないわ。

A：問題ないよ！　前に私たちが一緒に北海道に行った時，あなたは運転が上手だったよ。

B：本当？　わかった，でも，今度はどこへ行くつもり？　私は翌日に大切な授業があるから，あまり遠くないといいわ。

A：心配しないで。新潟にある古い日本の城を訪問しようよ。たった2時間で到着できるのよ。あなたは今までに古い日本の城を見たことがある？

B：日本の城？　(A)私は今までに見たことがないわ。その城の名前は何？

A：その城は新発田城という名で，すごく大きくて素晴らしいの。その城は11の塔と5つの門があり，「あやめ城」とも呼ばれているわ。

B：あやめ？　知っているわ！　女の子の名前でしょう？

A：確かに女の子の名前のように聞こえるね。でもアヤメは実は花のアイリスよ。

B：アイリスなのね！　(B)なんて美しい名前！　どうしてその城はその名前で呼ばれているの？

A：その名前は，城の周りに川が流れていてたくさんのアイリスが咲いていたという事実が由来なの。

B：なるほど。

A：さらに，その城にはシャチホコと呼ばれる魚に似た生き物の像が屋根に3つ付いているの。
B：わあ！　すごくいいね。他に何があるの？
A：城の近くにはたくさんのおしゃれなレストランやカフェやお店がある。だから城を見ながら散歩もできて，いいよ。
B：楽しみね！　(C)私もショッピングに行きたい。
A：それじゃあ，朝9時にここを出発しましょう。その城に着くまで2時間かかるわ。最初に少しウインドーショッピングをしよう。
B：うーん，私は翌日の授業の準備をしていて，その日の朝は朝食を食べる時間がないの，だから最初に昼食を食べようよ。
A：わかった。その後に城を見てまわろう。
B：了解。
A：そういえば，城の周りの公園には，春に桜の花がたくさん咲くよ。
B：それなら，私は桜の花が見たいから，代わりに4月に行こうよ。
A：わかった，そうしましょう！
設問1　イ「生徒Bは生徒Aよりも上手に車が運転できない」
設問2　全訳下線部参照。
設問3　イ「魚のような生き物の像が屋根の上にある」がAの7番目の発言と一致する。
設問4　(27)　Bの2番目の発言参照。　(28)　Bの9番目の発言参照。
やや難 設問5　(29)「その城の名前は由来は何か」　空所(B)の次の文で，Bが名前の理由を尋ねている。続くAの発言が，その名前の由来を述べている。　(30)「公園の中を歩くことはどうして良いのか」　Aの8番目の発言参照。
設問6　ア「彼らは3月20日にドライブに行く」(×)　初めは3月20日に行くつもりだったが，桜の花を見るために4月に行くことにした。

F　**(長文読解問題・紹介文：語句解釈，英問英答，内容吟味，指示語，内容一致)**

(全訳)　①景観や動植物を未来の世代のために守ると同時に，人々がアメリカのゴツゴツした美しさを楽しめるように手つかずの自然を守ることは，現代的な考えのよう思われるだろう。しかしそうではない。140年以上も前にアメリカは世界初の国立公園を作った。

1872年，アメリカ連邦議会はイエローストーン国立公園を設置するため，アイダホ州，モンタナ州，ワイオミング州の3,400平方マイル(8,805平方km)を保護することを決定した。国立公園という考えはさらに数年前に始まった可能性がある。1864年，連邦議会はその美しい土地を守るため，ヨセミテ渓谷をカリフォルニア州に与えた。その後，その地域はさらに広大なヨセミテ国立公園の一部となった。

しかし，②このような公園をつくることによって，アメリカ政府はそこに数千年も暮らしていたネイティブアメリカンの人々から土地を奪った。例えば，イエローストーン国立公園が作られると，ショショーニ族の人々は自分たちの故郷で狩りをすることができなくなった。そしてヨセミテ国立公園を作るために，ミウォク族は攻撃されて土地を取り上げられた。

ネイティブアメリカンの中には，状況を正すために，政府が公園の管理をする代わりに部族が管理し，それと同時に訪問客がその土地を楽しむことも今まで通り続けるべきだ，と主張するものもいる。

③それには，401か所の国立公園の地域内で，乗馬，自転車，スキー，ハイキング，クライミング，キャンプ，温泉でリラックスすること，火山に近づくことなど多くが含まれる。公園の約60%には，戦場，記念物，歴史的家屋などの史跡や，大陸の前史に関係するもの，例えば古代文明の非

常に古い家，岩面彫刻，象形文字などが含まれる。

イエローストーン国立公園が作られて以来，④国立公園の役割は大きくなり，変化している。ちょうどアメリカ合衆国が大きくなり変化しているのと同様に。手つかずの自然や固有の植物，天然資源を守ることが科学的によりよく理解されることによって，国立公園の教育的役割が強化されている。

重要 設問1　同段落最終文より national park「国立公園」を抜き出す。

設問2　(33)「ヨセミテ国立公園とイエローストーン国立公園のどちらが最初の国立公園か」 第1段落最終文に the world’s first national park「世界初の国立公園」とあり，続く第2段落第1文でイエローストーン国立公園の設置について述べられているので，イエローストーン国立公園(1872年設置)が世界初の国立公園とわかる。1864年にヨセミテ渓谷がカリフォルニア州の所有となり，後にヨセミテ国立公園となった，と書かれているが，ヨセミテ国立公園の設置年については述べられていない。　(34)「ヨセミテ渓谷は後に何になったか」 第2段落最終文に part of larger Yosemite National Park「より広大なヨセミテ国立公園の一部」とある。

設問3　(35)　下線部②の直後の文参照。take away A form B「BからAを奪う」 (36)　下線部②の2つ後ろの文参照。could no longer hunt「もはや狩りができなかった」とある。no longer「もはや～ない，それ以上～ない」

設問4　下線部③の That は直前の段落の内容を指すので，直前の段落の内容を問題文に合うようにあてはめればよい。(37)　Native Americans「ネイティブアメリカン」 (38)　the government「政府」 (39)　take care of ～「～を世話する，管理する」 (40)　visitor「訪問者，訪問客」

設問5　第1段落第1文に protect wilderness という語句があることに着目する。これが国立公園の設置の目的や役割である。文章のキーワードや筆者の主張は文章の最初と最後に述べられることが多い。

設問6　(42)「最初の国立公園を作るために，アメリカ連邦議会は3つの州の土地を保護することを決定した」(○)　(43)「ミウォク族は政府を攻撃した」(×)　(44)「全ての国立公園に歴史的に重要な物が含まれている」(×)　全ての国立公園に含まれているとは書かれていない。(45)「国立公園の役割は変化している」(○)　(46)「国立公園の考えは新しい考えである」(×)　第1段落参照。最近生まれた考えではなく，140年以上前にあった考えである。

★ワンポイントアドバイス★

Fの長文読解問題はアメリカの国立公園に関する紹介文。なじみのない地名や固有名詞が多く，文法面，内容面ともに難度が高いため，丁寧な読み取りが要求される。

＜国語解答＞

一　1 停泊　2 満載　3 濃淡　4 突如　5 湾岸　6 施す　7 ふやす　8 ともなう

二　問1 a エ　b ア　c イ　問2 (例) 図書館での調べものや現地取材に出かけるよりも手軽だから。　問3 責任の所在・知識の体系性　問4 匿名　問5 インターネ[むしろイン]～強めていく(ということ。)　問6 イ　問7 (例) 中心となる知識と派生的な知識が，相互に結びつき体系をなしている関係。　問8　(例)　知識の構造的な結びつきを無視して，探している情報に一気にたどり着くことができるという特徴。(45字)
問9　(例)　入手できる情報が激増しているという点。　問10　エ　問11　A　イ
B　ア　C　ウ　問12　(例)　15～19歳は，表2で信用できる情報源として政府を選ぶ割合が54.3%，世界保健機関や専門機関が30.7%と，信頼性が高いとされる公的な機関を選ぶ割合が他の年代よりも高いという点が良い点である。また，表3を見ると，実際に30.2%が政府，15.2%が世界保健機関や専門機関の情報を真偽の確認に利用しているのも良い点である。一方で，表2でSNSを選ぶ割合は15.8%と上述の2つに比べて低いにもかかわらず，表3ではSNSの情報を真偽の確認に利用している割合が25.1%と高いのは悪い点である。
三　①　オ　②　ク　③　イ　④　ウ　⑤　ア　⑥　ケ　⑦　コ　⑧　カ
⑨　エ　⑩　ケ

○推定配点○
一　各2点×8　二　問1・問11　各2点×6　問3　各3点×2　問7・問9　各5点×2
問8　6点　問12　10点　他　各4点×5　三　各2点×10　計100点

＜国語解説＞

一　(漢字の読み書き)

1　船が港にいかりを下ろしてとまること。「停」を使った熟語はほかに「停止」「停滞」など。訓読みは「と(まる)」。　2　「満」を使った熟語はほかに「満開」「満点」など。訓読みは「み(たす)」「み(ちる)」。　3　「濃」の訓読みは「こ(い)」。「淡」の訓読みは「あわ(い)」。
4　「突」を使った熟語はほかに「突然」「突発」など。訓読みは「つ(く)」。　5　「湾」を使った熟語はほかに「湾曲」「港湾」など。　6　「施」の音読みは「シ」「セ」。熟語は「施策」「施錠」など。　7　「殖」の訓読みは「ふ(える)」「ふ(やす)」。音読みは「ショク」。熟語は「増殖」「繁殖」など。　8　「伴」の音読みは「ハン」「バン」。熟語は「随伴」「伴奏」など。

二　(論説文—語句の意味，文脈把握，内容吟味，脱語補充，指示語，要旨，接続語)

問1　a　「逸脱(いつだつ)」は，枠からそれて抜け出すこと，または，本筋からはずれること，という意味なのでエが適切。　b　「把握(はあく)」は，しっかりとつかむこと，しっかりと理解すること，という意味なのでアが適切　c　「整合(せいごう)」は，ぴったり合うこと，理論に矛盾がないこと，という意味なのでイが適切。

問2　直後の段落に「情報収集にインターネット検索が頻繁に活用されるのは，図書館での調べものや現地取材に出かけるよりも，そのほうがずっと手軽だからです」と筆者の考えが示されているので，この部分を要約して「図書館での調べものや現地取材に出かけるよりも手軽だから。」などとする。

やや難　問3　「違い」については，直後で「まず，図書館に入っている本は……」と説明されており，「その責任の所在ははっきり特定の作者にある」と，インターネットとの「違い」が示されている。次に「もう1つ……」として，「図書館の本とインターネットの情報の間には，知識の体系性という観点からの違いがあります」とあるので，「責任の所在」と「知識の体系性」を抜き出すのが適切。

問4　直後に「図書館の本が『誰かの知識』であるのに対し，ネット検索でヒットするのは『みんなの知識』となりやすいのです」とある。「誰かの知識」は，後で「誰か特定の個人のもの」と言い換えられているので，「みんなの知識」を言い換えた表現としては，直後の「匿名」が適切。

「匿名(とくめい)」は，名をかくすこと。

問5　直前の「(むしろ)インターネットは，そこに書かれていることが誰か特定の個人のものだという観念を弱め，知識は『みんな』で作るものだという発想を強めていく」を指し，直後の「インターネットが可能にする文化世界の可能性と困難を示しています」へとつながる。

問6　対照的な状態として，直後に「誰もが自由に参加して書き換えていくことができる」とあることから，「権威主義」が意味するものは，「その向こう側にいる特定の書き手」「その知識の責任」を指すとわかるので，イが適切。

やや難　問7「知識の幹と枝の関係」については，これより前，「もう1つ……」で始まる段落に「知識とは，概念の内容や事象の記述が相互に結びつき，体系をなしている状態のことです。当然，そこには中心となる知識と派生的な知識，つまり事の軽重があります」「知識には幹の部分と枝葉の部分があり，相互に結びついているのです」と説明されているので，その「関係」については，中心となる知識と派生的な知識が結びついていること，相互に結びつき体系をなしている関係であることをおさえ，「～関係。」という形にまとめればよい。

問8　同段落の冒頭に「インターネットの検索システムは，こうした構造的な結びつきなどお構いなしに，私たちを一気に探している事項の情報に連れていきます」とあり，これを言い換えたものであることをおさえる。構造的な結びつきなど知らなくとも探している情報に一気にたどり着けることを「(その実がどの枝についているのか知らなくても)一瞬でりんごの実が手に入る」とたとえているのである。

問9　直後に「かつては印刷本により科学者たちが入手できる情報量が激増した」「私たちはコペルニクスよりもずっと手軽に大量の情報をかき集めています」とある。直前には「……そのためコペルニクスは，それまでの天文学者よりもずっと多くの観測記録を手元に集めることができたのです」とあることから，「似ている」のは，大量の情報を入手できるようになった点であるとわかる。

やや難　問10　エは，「もっとも……」で始まる段落に「自分の著作を出版することが知的活動の根幹をなすようになった17世紀以降，『作者』の観念や『著作権』の制度が発達します。知識の作り手は，このような観念や制度の普及を通じて確立されたのです」とあることと合致する。アの「非常に好ましくない」，イの「誤った知識が広まる」，ウの「インターネットによって体系的な知識を調べられるようになった」，オの「自ら体系的な情報を発信していくことが必要」は，本文の内容と合致しない。

問11　A　直前の「定評のある」と直後の「定評を得ようとしている」を並べて比べているので，比較・選択を表す「あるいは」が入る。　B　直後で，「……するわけではありません」と打ち消しているので，逆接を表す「しかし」が入る。　C　直前の「その向こう側にいる特定の書き手に行き届かない」を，直後で「その知識の責任が誰にあるのかあいまいになります」と説明し直しているので，説明・言い換えを表す「つまり」が入る。

やや難　問12　設問に「二つ以上の表を関連付け」「任意の年代を一つ選び」「その年代の情報の利用方法について良い点と悪い点」「具体的数値などを挙げ」とあることをおさえ，数値の特徴が顕著であるものを選び，それがなぜ「良い点」あるいは「悪い点」といえるのかをわかりやすく説明することが必要である。たとえば，15～19歳であれば，情報収集のために利用する情報源，信用できると思う情報源として，政府，専門機関などの公的機関を選ぶ比率が高いが，真偽を確かめるときにはSNSを利用する比率が高い，といった傾向が読み取れる。ここから，公的機関に信用を置いている点は「良い点」といえるが，真偽を確かめるときに，信頼性が高いとはいえないSNSの情報に頼るのは「悪い点」であると指摘することができるので，これらの内容を具体的な数値を示しながら説明する，といった構成でまとめるとよいだろう。

重要 三 （品詞）

①「よく」は，後の用言(動詞)を含む文節「なります」を修飾する副詞。 ②「また」は，前の事柄と直後の事柄が並んであることを表す，並立の接続詞。 ③「なく」は，「無い」を意味する形容詞「ない」の連用形。 ④「十分な」は，終止形が「十分だ」となる形容動詞の連体形。 ⑤「利用し」は，終止形が「利用する」となるサ行変格活用の動詞。 ⑥「た」は，過去を意味する助動詞。 ⑦「より」は，比較を意味する助詞。 ⑧「その」は，直後の体言(名詞)「ほう」を修飾する連体詞。 ⑨「これ」は，人や物事を指し示す名詞(代名詞)。 ⑩「ぬ」は，打ち消しを意味する助動詞。

★ワンポイントアドバイス★

漢字の読み書き，品詞の識別といった基礎知識は，確実に得点できる力をつけておこう。論説文は，文脈を的確に把握する力と，資料を読み取って文章化する高度な力をつけておこう。

MEMO

大切なことはメモしておこうネ！

解答用紙集

○月×日 △曜日 天気（合格日和）

◆ご利用のみなさまへ
＊解答用紙の公表を行っていない学校につきましては、弊社の責任において、解答用紙を制作いたしました。
＊編集上の理由により一部縮小掲載した解答用紙がございます。
＊編集上の理由により一部実物と異なる形式の解答用紙がございます。

人間の最も偉大な力とは、その一番の弱点を克服したところから生まれてくるものである。――カール・ヒルティ――

東京学参株式会社

啓明学園高等学校　　2024年度

◇数学◇

※ 132％に拡大していただくと，解答欄は実物大になります。

1	(1)	
	(2)	
	(3)	
	(4)	
	(5)	
2	(1)	
	(2)	
	(3)	
	(4)	
	(5)	

3	①	
	②	
	③	
	④	
	⑤	
4	(1)	
	(2)	
5	(1)	
	(2)	
	(3)	
6	(1)	
	(2)	
	(3)	

啓明学園高等学校　2024年度　◇英語◇

※ 141％に拡大していただくと，解答欄は実物大になります。

A	(1)	(2)	(3)	(4)	(5)
	(6)				
	(7)				
	(8)				
	(9)				
	(10)				
B	(11)	(12)	(13)	(14)	(15)
C	(16)				.
	(17)				.
	(18)				.
	(19)				?
	(20)				tonight.
D	(21)				

E	(22)	(23)(A)	(24)(B)	(25)(C)	(26)
	(27)				
	(28)				
	(29)				
	(30)				
	(31)				
F	(32)	(33)			
	(34)(A)	(35)(B)	(36)(C)	(37)(D)	(38)(E)
	(39)				
	(40)				
	(41)				
	(42)				
	(43)				

2024年度 啓明学園高等学校

※152%に拡大していただくと、解答欄は実物大になります。

◇国語◇

1 こうしん	2 はかく	3 だんりょく	4 しょうてん
5 すい	6 あわてる	7 全幅	8 擁護

二

問1	a	b	c			
問2						
問3						
問4	ア	イ	ウ	エ	問5	問6
問7	政治家					
	納税者					
問8						
問9	Ⅰ					
	Ⅱ					
問10	A	B	C	D	問11	
問12				問13		
問14	二枚目の原稿用紙に解答すること。					

三

①	②	③	④	⑤	⑥	⑦	⑧	⑨	⑩

注）① 原稿用紙は横書きで使用すること。
② 題名等は書かずに、1行目から書き始めること。
③ 数字や記号以外は、通常の原稿用紙の使い方のルールに従って記入すること。
④ 数字や記号、アルファベットは、以下の例のように記入すること。
⑤ 資料を引用する際は、「資料Ⅰには～」のように記入すること。

例

20	.1	%				K	ei	me	i	G	ak	ue	n		昭	和	15	年	

問 14

注）題名等は書かずに、一行目から書き始めること。

150

200

啓明学園高等学校　2023年度

◇数学◇

※ 132%に拡大していただくと，解答欄は実物大になります。

1	(1)	
	(2)	
	(3)	
	(4)	
	(5)	
2	(1)	
	(2)	
	(3)	
	(4)	
	(5)	

3	①	
	②	
	③	
	④	
	⑤	
4	(1)	
	(2)	
	(3)	
5	(1)	
	(2)	
	(3)	
6	(1)	
	(2)	

啓明学園高等学校　2023年度　◇英語◇

※ 143％に拡大していただくと，解答欄は実物大になります。

A	(1)	(2)	(3)	(4)	(5)
	(6)				
	(7)				
	(8)				
	(9)				
	(10)				
B	(11)	(12)	(13)	(14)	(15)
C	(16)				.
	(17)				.
	(18)				.
	(19)				to school.
	(20)				.
D	(21)				

E	(22)	(23)	(24)	(25)	(26)
	(27)				
	(28)				
	(29)				
	(30)				
	(31)				
F	(32)				
	(33)				
	(34)				
	(35)				
	(36)				
	(37)		(38)		
	(39)		(40)		
	(41)				
	(42)	(43)	(44)	(45)	(46)

◇国語◇

啓明学園高等学校　2023年度

※152%に拡大していただくと，解答欄は実物大になります。

一

1 ていはく	2 まんさい	3 のうたん	4 とつじょ
5 わんがん	6 ほどこす	7 殖やす	8 伴う

二

問1	a　b　c
問2	
問3	・
問4	
問5	～ ということ。
問6	
問7	
問8	
問9	
問10	
問11	A　B　C
問12	二枚目の原稿用紙に解答すること。

三

①	②	③	④	⑤	⑥	⑦	⑧	⑨	⑩

注）① 原稿用紙は横書きで使用すること。
② 題名等は書かずに、１行目から書き始めること。
③ 数字や記号以外は、通常の原稿用紙の使い方のルールに従って記入すること。
④ 数字や記号、アルファベットは、以下の例のように記入すること。
⑤ 資料を引用する際は、「表１には～」のように記入すること。

例

20	.1	%				K	ei	me	i	G	ak	ue	n		昭	和	15	年	

問 12

注）題名等は書かずに、一行目から書き始めること。

200

MEMO

大切なことはメモしておこうネ！

MEMO

大切なことはメモしておこうネ！

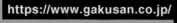

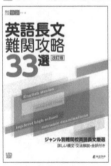

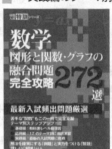

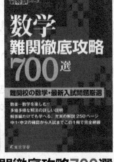

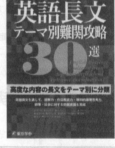

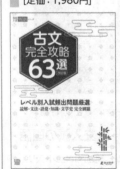

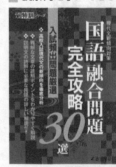

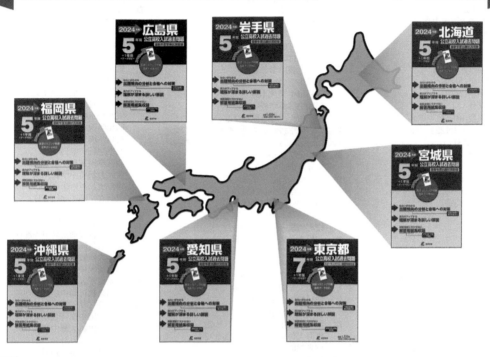

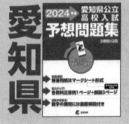

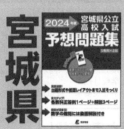

東京学参の

中学校別入試過去問題シリーズ

＊出版校は一部変更することがあります。一覧にない学校はお問い合わせください。

東京ラインナップ

あ　青山学院中等部(L04)
　　麻布中学(K01)
　　桜蔭中学(K02)
　　お茶の水女子大附属中学(K07)
か　海城中学(K09)
　　開成中学(M01)
　　学習院中等科(M03)
　　慶應義塾中等部(K04)
　　啓明学園中学(N29)
　　晃華学園中学(N13)
　　攻玉社中学(L11)
　　国学院大久我山中学
　　　（一般・CC）（N22）
　　　（ＳＴ）（N23）
　　駒場東邦中学(L01)
さ　芝中学(K16)
　　芝浦工業大附属中学(M06)
　　城北中学(M05)
　　女子学院中学(K03)
　　巣鴨中学(M02)
　　成蹊中学(N06)
　　成城中学(K28)
　　成城学園中学(L05)
　　青稜中学(K23)
　　創価中学(N14)★
た　玉川学園中学部(N17)
　　中央大附属中学(N08)
　　筑波大附属中学(K06)
　　筑波大附属駒場中学(L02)
　　帝京大中学(N16)
　　東海大菅生高中等部(N27)
　　東京学芸大附属竹早中学(K08)
　　東京都市大付属中学(L13)
　　桐朋中学(N03)
　　東洋英和女学院中学部(K15)
　　豊島岡女子学園中学(M12)
な　日本大第一中学(M14)
　　日本大第三中学(N19)
　　日本大第二中学(N10)
は　雙葉中学(K05)
　　法政大学中学(N11)
　　本郷中学(M08)
ま　武蔵中学(N01)
　　明治大付属中野中学(N05)
　　明治大付属八王子中学(N07)
　　明治大付属明治中学(K13)
ら　立教池袋中学(M04)
わ　和光中学(N21)
　　早稲田中学(K10)
　　早稲田実業学校中等部(K11)
　　早稲田大高等学院中学部(N12)

神奈川ラインナップ

あ　浅野中学(O04)
　　栄光学園中学(O06)
か　神奈川大附属中学(O08)
　　鎌倉女学院中学(O27)
　　関東学院六浦中学(O31)
　　慶應義塾湘南藤沢中等部(O07)
　　慶應義塾普通部(O01)
さ　相模女子大中学部(O32)
　　サレジオ学院中学(O17)
　　逗子開成中学(O22)
　　聖光学院中学(O11)
　　清泉女学院中学(O20)
　　洗足学園中学(O18)
　　捜真女学校中学部(O29)
た　桐蔭学園中等教育学校(O02)
　　東海大付属相模高中等部(O24)
　　桐光学園中学(O16)
な　日本大中学(O09)
は　フェリス女学院中学(O03)
　　法政大第二中学(O19)
や　山手学院中学(O15)
　　横浜隼人中学(O26)

千・埼・茨・他ラインナップ

あ　市川中学(P01)
　　浦和明の星女子中学(Q06)
か　海陽中等教育学校
　　　（入試Ⅰ・Ⅱ）（T01）
　　　（特別給費生選抜）（T02）
　　久留米大附設中学(Y04)
さ　栄東中学（東大・難関大）（Q09）
　　栄東中学（東大特待）（Q10）
　　狭山ヶ丘高校付属中学(Q01)
　　芝浦工業大柏中学(P14)
　　渋谷教育学園幕張中学(P09)
　　城北埼玉中学(Q07)
　　昭和学院秀英中学(P05)
　　清真学園中学(S01)
　　西南学院中学(Y02)
　　西武学園文理中学(Q03)
　　西武台新座中学(Q02)
　　専修大松戸中学(P13)
た　筑紫女学園中学(Y03)
　　千葉日本大第一中学(P07)
　　千葉明徳中学(P12)
　　東海大付属浦安高中等部(P06)
　　東邦大付属東邦中学(P08)
　　東洋大附属牛久中学(S02)
　　獨協埼玉中学(Q08)
な　長崎日本大中学(Y01)
　　成田高校付属中学(P15)
は　函館ラ・サール中学(X01)
　　日出学園中学(P03)
　　福岡大附属大濠中学(Y05)
　　北嶺中学(X03)
　　細田学園中学(Q04)
や　八千代松陰中学(P10)
ら　ラ・サール中学(Y07)
　　立命館慶祥中学(X02)
　　立教新座中学(Q05)
わ　早稲田佐賀中学(Y06)

公立中高一貫校ラインナップ

北海道　市立札幌開成中等教育学校(J22)
宮　城　宮城県仙台二華・古川黎明中学校(J17)
　　　　市立仙台青陵中等教育学校(J33)
山　形　県立東桜学館・致道館中学校(J27)
茨　城　茨城県立中学・中等教育学校(J09)
栃　木　県立宇都宮東・佐野・矢板東高校附属中学校(J11)
群　馬　県立中央・市立四ツ葉学園中等教育学校・
　　　　市立太田中学校(J10)
埼　玉　市立浦和中学校(J06)
　　　　県立伊奈学園中学校(J31)
　　　　さいたま市立大宮国際中等教育学校(J32)
　　　　川口市立高等学校附属中学校(J35)
千　葉　県立千葉・東葛飾中学校(J07)
　　　　市立稲毛国際中等教育学校(J25)
東　京　区立九段中等教育学校(J21)
　　　　都立大泉高等学校附属中学校(J28)
　　　　都立両国高等学校附属中学校(J01)
　　　　都立白鷗高等学校附属中学校(J02)
　　　　都立富士高等学校附属中学校(J03)
　　　　都立三鷹中等教育学校(J29)
　　　　都立南多摩中等教育学校(J30)
　　　　都立武蔵高等学校附属中学校(J04)
　　　　都立立川国際中等教育学校(J05)
　　　　都立小石川中等教育学校(J23)
　　　　都立桜修館中等教育学校(J24)
神奈川　川崎市立川崎高等学校附属中学校(J26)
　　　　県立平塚・相模原中等教育学校(J08)
　　　　横浜市立南高等学校附属中学校(J20)
　　　　横浜サイエンスフロンティア高校附属中学校(J34)
広　島　県立広島中学校(J16)
　　　　県立三次中学校(J37)
徳　島　県立城ノ内中等教育学校・富岡東・川島中学校(J18)
愛　媛　県立今治東・松山西中等教育学校(J19)
福　岡　福岡県立中学校・中等教育学校(J12)
佐　賀　県立香楠・致遠館・唐津東・武雄青陵中学校(J13)
宮　崎　県立五ヶ瀬中等教育学校・宮崎西・都城泉ヶ丘高校附属中学校(J15)
長　崎　県立長崎東・佐世保北・諫早高校附属中学校(J14)

公立中高一貫校「適性検査対策」問題集シリーズ

総合編　作文問題編　資料問題編　数と図形編　生活と科学編　実力確認テスト編

私立中・高スクールガイド

THE《ザ》私立

私立中学＆高校の学校生活がわかる！

東京学参の

高校別入試過去問題シリーズ

＊出版校は一部変更することがあります。一覧にない学校はお問い合わせください。

東京ラインナップ

あ　愛国高校(A59)
　　青山学院高等部(A16)★
　　桜美林高校(A37)
　　お茶の水女子大附属高校(A04)
か　開成高校(A05)★
　　共立女子第二高校(A40)★
　　慶應義塾女子高校(A13)
　　啓明学園高校(A68)★
　　国学院高校(A30)
　　国学院大久我山高校(A31)
　　国際基督教大高校(A06)
　　小平錦城高校(A61)★
　　駒澤大高校(A32)
さ　芝浦工業大附属高校(A35)
　　修徳高校(A52)
　　城北高校(A21)
　　専修大附属高校(A28)
　　創価高校(A66)★
た　拓殖大第一高校(A53)
　　立川女子高校(A41)
　　玉川学園高等部(A56)
　　中央大高校(A19)
　　中央大杉並高校(A18)★
　　中央大附属高校(A17)
　　筑波大附属高校(A01)
　　筑波大附属駒場高校(A02)
　　帝京大高校(A60)
　　東海大菅生高校(A42)
　　東京学芸大附属高校(A03)
　　東京農業大第一高校(A39)
　　桐朋高校(A15)
　　都立青山高校(A73)★
　　都立国立高校(A76)★
　　都立国際高校(A80)★
　　都立国分寺高校(A78)★
　　都立新宿高校(A77)★
　　都立墨田川高校(A81)★
　　都立立川高校(A75)★
　　都立戸山高校(A72)★
　　都立西高校(A71)★
　　都立八王子東高校(A74)★
　　都立日比谷高校(A70)★
な　日本大櫻丘高校(A25)
　　日本大第一高校(A50)
　　日本大第三高校(A48)
　　日本大第二高校(A27)
　　日本大鶴ヶ丘高校(A26)
　　日本大豊山高校(A23)
は　八王子学園八王子高校(A64)
　　法政大高校(A29)
ま　明治学院高校(A38)
　　明治学院東村山高校(A49)
　　明治大付属中野高校(A33)
　　明治大付属八王子高校(A67)
　　明治大付属明治高校(A34)★
　　明法高校(A63)
わ　早稲田実業学校高等部(A09)
　　早稲田大高等学院(A07)

神奈川ラインナップ

あ　麻布大附属高校(B04)
　　アレセイア湘南高校(B24)
か　慶應義塾高校(A11)
　　神奈川県公立高校特色検査(B00)
さ　相洋高校(B18)
た　立花学園高校(B23)
　　桐蔭学園高校(B01)
　　東海大付属相模高校(B03)★
　　桐光学園高校(B11)
な　日本大高校(B06)
　　日本大藤沢高校(B07)
は　平塚学園高校(B22)
　　藤沢翔陵高校(B08)
　　法政大国際高校(B17)
　　法政大第二高校(B02)★
や　山手学院高校(B09)
　　横須賀学院高校(B20)
　　横浜商科大高校(B05)
　　横浜市立横浜サイエンスフロンティア高校(B70)
　　横浜翠陵高校(B14)
　　横浜清風高校(B10)
　　横浜創英高校(B21)
　　横浜隼人高校(B16)
　　横浜富士見丘学園高校(B25)

千葉ラインナップ

あ　愛国学園大附属四街道高校(C26)
　　我孫子二階堂高校(C17)
　　市川高校(C01)★
か　敬愛学園高校(C15)
さ　芝浦工業大柏高校(C09)
　　渋谷教育学園幕張高校(C16)★
　　翔凜高校(C34)
　　昭和学院秀英高校(C23)
　　専修大松戸高校(C02)
た　千葉英和高校(C18)
　　千葉敬愛高校(C05)
　　千葉経済大附属高校(C27)
　　千葉日本大第一高校(C06)★
　　千葉明徳高校(C20)
　　千葉黎明高校(C24)
　　東海大付属浦安高校(C03)
　　東京学館高校(C14)
　　東京学館浦安高校(C31)
な　日本体育大柏高校(C30)
　　日本大習志野高校(C07)
は　日出学園高校(C08)
や　八千代松陰高校(C12)
ら　流通経済大付属柏高校(C19)★

埼玉ラインナップ

あ　浦和学院高校(D21)
　　大妻嵐山高校(D04)★
か　開智高校(D08)
　　開智未来高校(D13)★
　　春日部共栄高校(D07)
　　川越東高校(D12)
　　慶應義塾志木高校(A12)
さ　埼玉栄高校(D09)
　　栄東高校(D14)
　　狭山ヶ丘高校(D24)
　　昌平高校(D23)
　　西武学園文理高校(D10)
　　西武台高校(D06)
た　東京農業大第三高校(D18)
は　武南高校(D05)
　　本庄東高校(D20)
や　山村国際高校(D19)
ら　立教新座高校(A14)
わ　早稲田大本庄高等学院(A10)

北関東・甲信越ラインナップ

あ　愛国学園大附属龍ヶ崎高校(E07)
　　宇都宮短大附属高校(E24)
か　鹿島学園高校(E08)
　　霞ヶ浦高校(E03)
　　共愛学園高校(E31)
　　甲陵高校(E43)
　　国立高等専門学校(A00)
さ　作新学院高校
　　　(トップ英進・英進部)(E21)
　　　(情報科学・総合進学部)(E22)
　　常総学院高校(E04)
た　中越高校(R03)＊
　　土浦日本大高校(E01)
　　東洋大附属牛久高校(E02)
な　新潟青陵高校(R02)
　　新潟明訓高校(R04)
　　日本文理高校(R01)
は　白鷗大足利高校(E25)
ま　前橋育英高校(E32)
や　山梨学院高校(E41)

中京圏ラインナップ

あ　愛知高校(F02)
　　愛知啓成高校(F09)
　　愛知工業大名電高校(F06)
　　愛知みずほ大瑞穂高校(F25)
　　暁高校(3年制)(F50)
　　鶯谷高校(F60)
　　栄徳高校(F29)
　　桜花学園高校(F14)
　　岡崎城西高校(F34)
か　岐阜聖徳学園高校(F62)
　　岐阜東高校(F61)
　　享栄高校(F18)
さ　桜丘高校(F36)
　　至学館高校(F19)
　　椙山女学園高校(F10)
　　鈴鹿高校(F53)
　　星城高校(F27)★
　　誠信高校(F33)
　　清林館高校(F16)★
た　大成高校(F28)
　　大同大大同高校(F30)
　　高田高校(F51)
　　滝高校(F03)★
　　中京高校(F63)
　　中京大附属中京高校(F11)★
　　中部大春日丘高校(F26)★
　　中部大第一高校(F32)
　　津田学園高校(F54)
　　東海高校(F04)★
　　東海学園高校(F20)
　　東邦高校(F12)
　　同朋高校(F22)
　　豊田大谷高校(F35)
な　名古屋高校(F13)
　　名古屋大谷高校(F23)
　　名古屋経済大市邨高校(F08)
　　名古屋経済大高蔵高校(F05)
　　名古屋女子大高校(F24)
　　名古屋たちばな高校(F21)
　　日本福祉大付属高校(F17)
　　人間環境大附属岡崎高校(F37)
は　光ヶ丘女子高校(F38)
　　誉高校(F31)
ま　三重高校(F52)
　　名城大附属高校(F15)

宮城ラインナップ

さ　尚絅学院高校(G02)
　　聖ウルスラ学院英智高校(G01)★
　　聖和学園高校(G05)
　　仙台育英学園高校(G04)
　　仙台城南高校(G06)
　　仙台白百合学園高校(G12)
た　東北学院高校(G03)★
　　東北学院榴ヶ岡高校(G08)
　　東北高校(G11)
　　東北生活文化大高校(G10)
　　常盤木学園高校(G07)
は　古川学園高校(G13)
ま　宮城学院高校(G09)★

北海道ラインナップ

さ　札幌光星高校(H06)
　　札幌静修高校(H09)
　　札幌第一高校(H01)
　　札幌北斗高校(H04)
　　札幌龍谷学園高校(H08)
は　北海高校(H03)
　　北海学園札幌高校(H07)
　　北海道科学大高校(H05)
ら　立命館慶祥高校(H02)

★はリスニング音声データのダウンロード付き。

都道府県別 公立高校入試過去問 シリーズ

- 全国47都道府県別に出版
- 最近数年間の検査問題収録
- リスニングテスト音声対応

公立高校入試対策 問題集シリーズ

- 目標得点別・公立入試の数学 (基礎編)
- 実戦問題演習・公立入試の数学 (実力錬成編)
- 実戦問題演習・公立入試の英語 (基礎編・実力錬成編)
- 形式別演習・公立入試の国語
- 実戦問題演習・公立入試の理科
- 実戦問題演習・公立入試の社会

高校入試特訓問題集 シリーズ

- 英語長文難関攻略33選(改訂版)
- 英語長文テーマ別難関攻略30選
- 英文法難関攻略20選
- 英語難関徹底攻略33選
- 古文完全攻略63選(改訂版)
- 国語融合問題完全攻略30選
- 国語長文難関徹底攻略30選
- 国語知識問題完全攻略13選
- 数学の図形と関数・グラフの融合問題完全攻略272選
- 数学難関徹底攻略700選
- 数学の難問80選
- 数学　思考力―規則性とデータの分析と活用―

2404A

〈ダウンロードコンテンツについて〉

本問題集のダウンロードコンテンツ、弊社ホームページで配信しております。現在ご利用いただけるのは「2025年度受験用」に対応したもので、**2025年3月末日**までダウンロード可能です。弊社ホームページにアクセスの上、ご利用ください。
※配信期間が終了いたしますと、ご利用いただけませんのでご了承ください。

高校別入試過去問題シリーズ
啓明学園高等学校　2025年度
ISBN978-4-8141-2948-5

[発行所] 東京学参株式会社
〒153-0043　東京都目黒区東山2-6-4

書籍の内容についてのお問い合わせは右のQRコードから　⇒

※書籍の内容についてのお電話でのお問い合わせ、本書の内容を超えたご質問には対応できませんのでご了承ください。

2024年4月23日　初版